人力资源开发与管理实践研究新视野

周雪松◎著

吉林出版集团股份有限公司

全国百佳图书出版单位

图书在版编目（CIP）数据

人力资源开发与管理实践研究新视野 / 周雪松著.
-- 长春 : 吉林出版集团股份有限公司, 2023.6
ISBN 978-7-5731-3754-8

Ⅰ.①人… Ⅱ.①周… Ⅲ.①人力资源开发②人力
资源管理 Ⅳ.①F241②F243

中国国家版本馆CIP数据核字(2023)第141177号

RENLI ZIYUAN KAIFA YU GUANLI SHIJIAN YANJIU XIN SHIYE

人力资源开发与管理实践研究新视野

著　者/	周雪松
责任编辑/	金方建
开　本/	787 mm × 1092 mm　1/16
印　张/	11.25
字　数/	200千字
版　次/	2023年6月第1版
印　次/	2023年6月第1次印刷
出　版/	吉林出版集团股份有限公司
发　行/	吉林音像出版社有限责任公司
	（吉林省长春市南关区福祉大路5788号）
电　话/	0431-81629679
印　刷/	吉林省信诚印刷有限公司

ISBN 978-7-5731-3754-8　　定价　58.00元

如发现印装质量问题，影响阅读，请与出版社联系调换。

前　言

　　竞争与合作在促进人类进步的同时，也使人们更加清晰地感悟出人力资源在企业发展中的核心意义，使人们把人力资源视为第一资源，并将其置于发展战略的核心位置而加以规划与开发。

　　人力资源管理对于企业来说一直是管理中最重要的一部分。新时代背景下，企业之间的竞争主要就是人才的竞争，因此人力资源管理在企业中的地位越来越重要。在企业中，人力资源的开发与管理是人力资源管理的工作中非常重要的内容，目前也是备受人们关注的内容。

　　本书是作者根据我国通用的人力资源管理理论分析框架，紧扣我国劳动力市场运行的实际特点，在多年的积累和管理实践基础上撰写而成的。全书共分为四篇：基础理论篇介绍了人力资源开发与管理的内涵、人力资源管理的发展演进与理论依据；人力资源开发篇就人力资源规划、工作分析与岗位设计、员工招聘与培训开发展开讨论；人力资源管理篇研究了人力资源绩效管理、薪酬管理与福利管理；优化创新篇则探索了人力资源优化管理的基本路径、信息化人力资源管理、跨文化的人力资源管理以及人力资源开发与管理的新趋势。

　　全书在内容布局、逻辑结构、理论创新诸方面都有自己的独到之处，注重理论与实践的结合，有助于实务工作者进一步思考和探讨相关知识在日常工作中的应用，是一本值得学习研究的著作。

　　本书在写作过程中，得到了许多专家、学者的帮助和指导，在此表示诚挚的谢意。由于笔者水平有限，加之时间仓促，书中所涉及的内容难免有疏漏之处，希望各位读者多提宝贵的意见，以便笔者进一步修改，使之更加完善。

作者

2023年4月

目　录

基础理论篇

人力资源开发篇

人力资源管理篇

优化创新篇

基础理论篇

第一章　人力资源开发与管理概述

第一节　人力资源的基本认识

一、人力资源的概念把握

人力资源是指在一定范围内能够为社会创造物质财富或精神财富、具有体力劳动或脑力劳动能力的人口的总和。

与人力资源概念接近的还有人口资源、人才资源。人口资源是指一个国家或地区所拥有的人口总量；人才资源是指一个国家或地区中具有较多科学知识、较强劳动技能，在价值创造过程中起关键或重要作用的那部分人，人才资源是人力资源的一部分。这三个概念之间存在包含关系：人口资源体现出人口总量特点，是形成人力资源的基础；人口资源中具有体力劳动或脑力劳动能力、能为社会创造财富的那部分才是人力资源；而人才资源是人力资源中劳动质量高、创造财富能力强的那部分。

对人力资源的概念，需要从以下几方面来把握：

第一，人力资源是个时空的概念。定义中的"一定范围"既可以指一个国家或一个地区，也可以指一家企业、学校、医院或其他组织。因此，从宏观角度来看，人力资源是指一个国家或地区所有具有一定劳动能力的人口的总和；从微观角度来看，人力资源是企业等组织雇用的具有劳动能力的全部员工的总和。

第二，人力资源的实质就是人所具有的进行物质财富或精神财富生产的能力，它包含体能和智能两个基本方面。体能即对劳动负荷的承载力和劳动过后迅速消除疲劳的能力，以及对工作或事物的心理承载力和平衡能力。它表现为人的身体素质，如力量、速度、耐力、反应力等；还表现为人的心理素质，如心理承受力、克服心理障碍、寻求心理平衡的能力等。智能包含智力、知识和技能三方面、智力是指人类具备的认识事物、运用知识解决问题的能力，包括观察力、理解力、思维判断力等；知识是指人类具备的从事社会生产和社会生活实践活动的经验和理论；技能是指人们在智力、知识的支配和指导下，运用生产资料生产物质财富和精神财富的能力。

第三，人力资源表现为具有劳动能力的人口的总和。此处所讲的劳动能力不仅包括体力劳动能力，还包括脑力劳动能力，这是人类所独具的，以人体为其存在的载体。因此，现实生活中，人力资源表现为具有劳动能力的人口的总和。

二、人力资源的主要特点

人力资源是进行社会生产最基本、最重要的资源，与其他资源相比较，它具有如下特点：

（一）能动性

能动性是人力资源的首要特征，是人力资源与其他一切资源最根本的区别所在。自然资源、物质资源及财力资源等资源在其被开发过程中完全处于被动的地位，而人力资源的开发与利用，是通过拥有者自身的活动来完成的，具有能动性。这种能动性主要表现在三方面：一是人的自我强化，即人通过学习能够提高自身的素质和能力；二是选择职业，人力资源通过市场来调节，选择职业是人力资源主动与其他资源结合的过程；三是积极劳动，这是人力资源能动性的主要方面，也是人力资源发挥潜能的决定性因素。人具有思想、感情，具有主观能动性，能够有目的、有意识地认识和改造客观世界。在改造客观世界的过程中，人能有意识地对所采取的行为、手段及结果进行分析、判断和预测。人具有社会意识和在社会生产过程中所处的主体地位，使得人具有了能动作用。因此，衡量人力资源开发程度如何，就看开发者对人力资源能动性发挥得如何。

（二）资本性

人力资源作为一种经济性资源，它具有资本属性，与一般的物质资本有共同之处。人力资源的资本属性主要表现为两方面：

第一，人力资源是个人、企业和社会等投资的产物，其质量高低主要取决于投资的程度。因为人作为一种原生性资源，其能力不可能是先天就有、与生俱来的，而是通过后天的学习获得的。为了形成能力，人必须接受教育和培训，必须投入资金和时间。而且，为了维持人力资源形成后的能力，同样需要一定资金和时间的投入。

第二，人力资源在一定时期内可能源源不断地带来收益，它一旦形成，便能够在适当的时期内为投资者带来收益。

（三）内耗性

自然资源是数量越多越好，形成一定规模后，作用越来越大。矿藏储量越大越有开发价值，资金越多越有投资效益。然而，人力资源却不一定越多越能产生效益，关键在于我们怎样去开发和利用。也就是说，倘若不能科学合理地开发和利用各类人力资源，它们之间就会出现内耗现象。

（四）持续性

作为自然资源与物质资源，一般只有一次、二次开发，形成产品使用之后，通常便不能再继续开发了。但人力资源则不同，使用后还能继续开发，使用的过程也是开发的过程，可以连续不断地开发与发展。人在工作以后，可以通过持续的学习更新知识，提高技能；再者，通过工作，可以积累经验，充实提高。所以，人力资源能够实现自我补偿，自我更新，自我丰富，持续开发。这就要求人力资源的开发与管理要注重终身学习与教育，加强后期培训与开发，不断提高其知识水平与技能。

（五）时效性

人力资源存在于人的生命之中，它是一种具有生命的资源，其开发和利用都会受到时间方面的限制。从个体角度看，作为生物有机体的人有其生命周期，如果人力资源得不到及时与适当的利用，个体所拥有的能力就会随着时间的流逝而降低甚至丧失。而作为人力资源，人能够从事劳动的自然时间又被限定在其生命周期的中间一段，即青壮年期；在不同年龄阶段，能从事劳动的能力不尽相同。从社会角度看，人力资源的开发和使用也有培养期、成长期、成熟期和老化期。

（六）互补性、协同性

现代企业由不同岗位或不同职能部门构成。企业内部的分工客观上要求企业不同部门、不同员工工作职能必须具备互补性、协同性。人力资源的互补性体现在岗位职责互补、能力互补、气质互补、年龄互补等方面。"君子用人如器，各取所长"，不同员工通过发挥自己的比较优势，扬长避短、密切配合，通过互补、协同产生的合力比单个员工的能力简单相加要大得多，形成"1＋1＞2"效应。

三、人力资源数量与质量

人力资源作为一种经济范畴，具有量的规定性和质的规定性。人力资源作为一定人口总体中的有劳动能力的人口的总和，其总量表现为人口资源的平均数量与平均质量的乘积。

（一）人力资源数量

人力资源的数量是构成人力资源总量的基础，它反映了人力资源的量的特性，没有人力资源的数量，也就谈不上人力资源的质量。

基础理论篇

1. 人力资源的绝对数量与相对数量

人力资源的数量可以用绝对数量与相对数量两种指标来表示。人力资源绝对数量和相对数量又都有"潜在"和"现实"两种计算口径。

（1）人力资源的绝对数量。

人力资源的绝对数量可以用被考察的国家或地区具有劳动能力的人口数量加以计算。为此，各国或地区都根据其国情区情对人口进行劳动年龄划分。在劳动年龄上下限之间的人口称为劳动适龄人口。在劳动适龄人口之内，存在一些丧失劳动能力的病残人口；在劳动适龄人口之外，也存在一些具有劳动能力、正在从事社会劳动的人口。

综上所述，一个国家的人力资源，就是现实人力资源与潜在人力资源之和，又称为人力资源的绝对数量，用公式表示，即：

人力资源＝现实人力资源＋潜在人力资源

于是，人力资源的概念，可以具体描述如下：一个国家的人力资源是该国人口中，劳动适龄人口减去其中丧失劳动能力的人口，加上劳动适龄外具有劳动能力的人口。

（2）人力资源的相对数量。

人力资源的相对数量可以用人力资源率来表示，即被考察范围内人力资源人口占被考察范围内人口的百分比。

一个国家人力资源绝对量的大小，是反映一个国家国力的重要指标，一个国家人力资源的相对数量则表明该国人均人力资源拥有量。作为一种相对国力的表示，它可以用来同其他国家进行比较，反映出一个国家的社会经济发展程度及更深层次的社会经济特征。

2. 影响人力资源数量的因素

影响人力资源数量的因素主要有以下三个：

（1）人口总量及其再生产状况。

人力资源来源于人口的一部分。因此，静态分析人力资源数量取决于人口总量，动态分析人力资源数量的变化取决于人口自然增长率的变动。而人口自然增长率的变化又取决于人口出生率和死亡率的变化。在现代社会中，人口死亡率处于低水平的稳定状态。所以，人口总量和人力资源的数量主要取决于人口出生率水平及其人口基数。当然，从人出生到成长为劳动力之间存在一定的时间差。因此，通过人口数量变动来预测人力资源量的变动时，必须考虑这一因素。

（2）人口年龄结构及其变动。

人口年龄结构对人力资源数量的影响表现在两方面：一方面，在人口总量既定条件下，人口年龄结构的变化直接决定了人力资源的数量，即：

劳动适龄人口＝总人口 × 劳动适龄人口占总人口的比重

另一方面，劳动年龄组内部年龄构成的变动，制约着人力资源内部构成的变动。

人口年龄构成需要在相当长的时间内通过对人口出生率和自然增长率的调节来实现。

（3）人口迁移。

人口迁移由许多原因造成，主要原因有以下三方面：

第一，从农村向城市流动，从不发达地区向发达地区流动。这类流动的主要原因是目前的收入差距和未来预期收入的最大化目标，以及在城市和发达地区的就业概率。另外，城镇的文化精神生活、新鲜感以及亲朋好友的吸引等非经济因素也是产生流动的一个原因。

第二，人口迁移与人们的流动能力（知识、技能、健康、财富等）的强弱有关，从理论上说，经济落后、失业率高的地区，对人口流动的驱动力应该最强。但实际统计数字表明，即使是在完全市场经济条件下，人口迁移不存在任何行政或其他人为干扰，经济落后和失业，同流动的相关性仍然是不明显的。这是因为，尽管经济落后、失业率高的地区对人口流动的驱动力最强，但这些地区的人力资源的质量也最低，以致相当一部分人实际上没有流动的愿望与可能。

第三，国际人口迁移。国际人口迁移的主体通常都是成年人，而且一般都掌握着某种专业技术或专长，甚至拥有一笔财富。对于流入国而言，外来人力资源有利于它们的发展，增强了它们人力资源的存量；而对于流出国而言，却是人力资源的流失，一般弊大于利。这是因为流出国损失了它投入的人力资本，影响本国国民生产总值的增长。所以，限制专业人才外流是发展中国家普遍采取的一项保护本国、本民族利益的措施。

（二）人力资源质量

人力资源质量是人力资源单个个体素质的有机集合。

人力资源的个体素质由劳动者的道德素质、身体素质与智能素质构成。公共部门在甄选人员时都强调"以德为先"，具有较高的道德素质是公共部门工作人员的基本条件。身体素质与智能素质又可以进行多层次分解。体质有先天体质（优生优育的结果）和后天体质（营养供给和体育锻炼的结果）之分。智能素质有传统的经验和现代科学技术知识两方面，就现代科技知识而言，又分为一般文化和专业知识两部分，后者又有理论素养和操作技能的区别。劳动者的积极性和心理素质是劳动者发挥其体力和脑力的重要条件，因此，它也是决定人力资源质量的重要因素。

人力资源个体的身体素质是决定劳动者质量的自然基础。智能的形成除了要有自然基础之外，还要有后天的培育开发。

生产力发展史表明，人力资源中智能因素的作用逐渐提高，体质因素的作用逐渐相对降低；智能因素中，现代科学知识和技术能力的作用不断上升，传统经验和劳动技能的作用不断下降；就现代科学知识和技术能力而言，存在着"老化"与"更新"速度不断加快的规律性。同这一趋势相适应，劳动者的类型大致发生以下变化：

体力型→一般文化型→较高的一般文化型→专业技术型

在这个链条中，最初是全凭体力的文盲劳动者，他们同原始手工工具相联系；接着是以体力为主，具有粗浅的一般文化的劳动者，他们同半手工机械技术相联系（这是一般文化型的第一种情况）；接着是具有较高的一般文化，体力已不占主要地位的劳动者，他们同机械技术相联系（这是一般文化型的第二种情况）；最后是以专业技术为主，基本上摆脱了体力劳动的劳动者，他们同现代和将来的自动化技术相联系。

（三）人力资源数量与质量的统一

一个国家和地区人力资源丰富程度不仅要用数量来计量，而且要用质量来评价。人力资源质量的提高是人力资源开发的核心和关键所在。特别是在社会生产力从延续了千百年的体力化阶段向第一次产业革命的智能化阶段过渡之时开始，劳动者的智力开发因素的重要作用表现得特别明显。

对于发展中国家来说，人力资源的质量作为投资环境中一个越来越重要的因素，对于引进资金起着关键作用。这是因为外资项目中大都具有相当水平的高新技术，没有高素质的管理者和操作者，便无法使之运转起来，人们常说，劳动者是生产力诸因素中起决定作用的因素。实质上，更准确地说，人对生产力的强大影响其实是智力的影响，而智力在一定程度上又是科学技术的一种存在形态，离开了科学技术及人的智能，人在大自然面前是微不足道的。数量庞大而科学文化技术素质低下的劳动力大军只能从事传统的、低效的、简单的劳动，很难形成发展经济的重要源泉和推进现代化的主体力量。而且，过多的低素质的劳动力不但不能看作"丰富的资源"，反而会成为国际竞争和未来发展十分沉重的负担。

第二节　人力资源开发与管理的内涵

一、人力资源开发的内涵

（一）人力资源开发的含义

"开发"一词，就其本意是指以荒地、矿藏、森林、水利等没有被利用的自然资源为对象进行劳动，以达到利用的目的。后来，"开发"一词随着社会经济的发展又运用到技术开发、智力开发、人力开发等方面，使"开发"被赋予了更多的内涵。现代"开发"的含义则是指对处于潜在、低效、未利用、原始状态的事物进行开拓发展。

人力资源开发的含义是，综合培训与开发、职业生涯开发、组织开发、管理开发等手段来提高个人、群体和组织的效率。由此可以看出，组织进行人力资源开发的目的重在人力资源深层次上的潜能培养、提升、挖掘和员工全面素质的提高。

（二）人力资源开发的目标及规律

1. 人力资源开发的目标

人力资源开发的主要目标是提升人的能力。从心理学的观点来看，人的能力包括一般能力和特殊能力两大部分。一般能力是指人们的智力，包括思维能力、记忆能力、观察能力、想象能力等；特殊能力是指人们从事某种专业领域活动所必需的专门能力或几种专门能力的结合体，实际上能力不仅包含了人的智力，从某种程度上来说也包含了人的活力。

本书将人力资源开发的目标定义为提升员工的现实能力和潜在能力。现实能力是指目前组织需要员工所具有的能力，通过相应的培训或实际锻炼就能拥有；潜在能力是指蕴藏在员工头脑中的智力资源或智力资本，通过特定的环境、条件和创造性活动能够转化为组织资本。

2. 人力资源开发的规律

第一，人力资源的开发水平决定着物力资源开发利用的程度。人类首先为了生存，其次为了发展。为了生存，人类必须开发物力资源；为了发展，人类必须处理好人类可持续发展与物力资源有效利用的关系。因此，对于物力资源开发利用的水平、层次、程度有赖于人类对于自身开发水平的提升。

从组织人力资源开发角度看，人力资源的开发水平决定着组织物力、财力、人际关系等开发水平，这是不可否认的现实定律。

第二，人力资源的开发随其程度的加深其价值不断提升。人力资源中最能体现价值的资源是人才资本。人才资本的形成与人力资源的开发程度成正比。人力资源开发程度越深、潜能挖掘利用越充分，人所具有的本领就越强、人的价值就越大、人才资本的含量就越高。组织人力资源的开发也不能离开这一规律，这是人才成长的内部规定性，也是现代组织开发人力资源和拥有人才资本的法则。

第三，人力资源的开发永无止境。人力资源之所以能优于其他资源，关键是人力资源拥有不同于其他资源的内容。人是有思想、有意识、有感情的，而人的思想、意识、感情从某种意义上说又是动态的。这种动态性反映在人力资源开发上，就形成了人力资源开发进程上的永无止境。

此外，在实践中，新情况、新问题、新方法、新技术层出不穷，不断涌现。不学习就会退步、不学习就会被淘汰，这是社会发展到今天的不二法则，也是人力资源开发永无止境的渊源。组织人力资源开发也离不开这一规律。因为组织要发展、要引进新技术，就要运用和开发相应的人才。

（三）人力资源开发的四个层次

传统的人力资源开发理论是一次开发理论，即人的开发仅是学校和教育部门的事。就组织而言，现代人力资源开发理论不仅摒弃了这种思想，而且将人力资源开发拓展为现代组织的高层次开发、中层次开发、基层开发和个体自我开发四个层次。

1. 高层次开发

人力资源的宏观开发，其主体是组织的决策层，包括高层管理部门或高层管理团队（如董事会、监事会）及政策制定者；其客体是全体职能人员；开发的手段、方法是制定组织人才发展战略、发展方向、发展目标和授权赋能，其性质是政策性开发；开发的目的是使员工能力不断提高、潜能得以开发、人才和人才资本不断涌现或增值、组织管理目标得以实现；开发的内容是制定各项有效的人力资源开发、管理、培养、训练制度。

高层次开发值得注意的是：一个制度既可以调动员工的积极性，也可以扼制员工的积极性；一个政策可以使大批人才涌现，也可以使大批人才流失，组织人力资源开发的政策是一个最大的、最有权威的、最有力的开发人力资源的杠杆。

2. 中层次开发

人力资源的中层开发主体是组织的管理层，包括中层的各个管理部门和管理人员；开发的客体是全体职工；开发的手段、方法是使用，其性质是使用性开发；开发的目的是人尽其才，才尽其用；开发的内容以因人制宜、合理使用与激励为主，具体举措是强化培训、设计职业生涯和进行指导。

中层开发值得注意的是：使用人就是开发人，有人不用，就是不开发，人的才能不利用，就是浪费。所以，人才使用就是开发，而且是重要的开发。

3. 基层开发

人力资源的基层开发的主体是组织的执行层，包括基层各职能部门和执行部门及有关的职能人员；开发的客体是员工；开发的手段和方法是培训、传授、灌输、个别教育；开发的目的是优化知识和技能；开发的内容是跟进传授知识和技能，提高其素质。

基层开发值得注意的是：培养员工良好的职业道德，建立组织与员工命运共同体，增强组织的凝聚力和员工的使命感。

4. 个体自我开发

个体自我开发的主体是员工自己，开发的客体也是员工自己，即员工自我开发；开发的目的是员工自我成长、自我发展，最终实现自我价值；开发的内容是员工确定目标、自我学习、自我激励、自我成长。

个体自我开发值得注意的是，人力资源的自我开发应高度重视和强调员工自身的觉悟性和主动性，这是其他三个层次开发的基础。

从上述四个层次的开发可以看出，人力资源的开发是一个相互作用、有机联系的系统工程。因此，在进行人力资源开发时要整体把握，层层负责，环环相扣，全面开发。

二、人力资源管理的内涵

（一）人力资源管理的含义理解

人力资源管理是从组织战略、组织内外部环境和人性特点出发，以充分发挥人在组织中的作用为目标而进行的人员管理方面的政策制定和实践活动。简而言之，人力资源管理是指社会或组织对从业人员从招聘、培训、使用、调配直至退休的全过程进行的管理。

人力资源管理可分为宏观、中观和微观三个层次：微观层次关注的是组织内部的人力资源管理效率问题；中观层次关注的是某一行业或地区如何通过利用和开发人力资源谋求竞争优势的问题；宏观层次关注的是在国际竞争中如何通过开发和利用人力资源来谋求一个国家国际竞争态势。

人力资源管理是组织中人力资源的获取、整合、激励及控制调整的过程，包括人力资源规划、人员招聘、绩效考核、员工培训、工资福利政策等。它与传统的人事管理有着本质的区别。传统的人事管理是以"事"为中心，注重的是控制和管理人，属于行政事务式的管理方式。而现代人力资源管理以"人"为中心，是把人作为活的资源来加以开发利用，人力资源管理被上升到组织战略高度。人力资源管理注重人的心理和行为特征，强调人与事的相宜，事与职的相配，使人、事、职能做到最佳匹配，获得最大化的管理效益。

（二）人力资源管理的意义体现

第一，充分发挥人力资源的价值，实现组织目标。通过合理的管理，实现人力资源的精干和高效，取得最大的使用价值。通过采取一定措施，充分调动广大员工的积极性和创造性，也就是最大限度地发挥人的主观能动性。

第二，提高人员的满意度和成就感。在现代组织的管理目标中关注的重点从单一组织目标转向兼顾组织目标和组织成员个体目标。不仅实现组织目标是重要的，而且关注人员的满意度和成就感的满足也是非常重要的。良好的人力资源管理有助于帮助员工寻找工作乐趣，提高员工满意度和成就感。员工满意度和成就感提高时又进一步促进了组

基础理论篇

织的发展。

第三，培养全面发展的人，提高员工的人力资源价值。良好的人力资源管理能够为员工的全面发展创造条件并且提供施展才华的舞台。人力资源需要开发，从某种程度上讲人力资源管理就是开发人力资源的过程。在现代社会中，一个组织很难为员工提供终身雇佣的保障，但能够为员工的人力资源价值增值做出承诺和努力。良好的人力资源管理能够有效地提高人力资源价值，帮助员工实现价值增值。

（三）人力资源管理应遵循的原则

在现代人力资源管理理念的指导下，人们经过长期的管理实践，逐步总结出人力资源管理的基本规律和运行规则。

1. 要素有用，同素异构

在组织中工作的每一个人都有自己的心理和行为特征。一般而言，每一种个体特征都是有用的，关键在于能否找到发挥该种个体特征长处的环境。也就是说，只要环境选择得当，人人都可以成为人才。管理者和被管理者必须认识到，每个人的能力有大小，但是只要在适合自己能力的岗位上，个人就能够发挥最大的价值。管理者要善于了解、把握员工的个性特征，使人力资源得到有效的开发和使用。同素异构是指，任何一个人在组织中的作用的发挥不仅取决于他的个体特征，更取决于他同其他人以及其同事的搭配关系。如果搭配得好，个人能发挥出最大的潜力和才能；如果搭配得不好，个人的优势和积极性将受到抑制和破坏。管理者要针对不同工作任务的具体要求，将不同特征的人以某种适合的方式组合起来，发挥整体协作的功能和优势。

2. 德才素质统一

德和才是人力资源素质的主要内容。每一个组织对人员的具体要求不同，但在要求人员德才兼备这一点上是共通的。德的素质包括人员的政治品德、伦理道德、个性品德三个基本方面，才的素质包括智力、知识、专业与综合能力等。德才素质统一，意味着在人力资源使用和开发过程中，人员的德、才条件是不可或缺、不可偏废的，德保证人员活动的方向，才保证人员活动的效果。

3. 能级匹配，适才适用

能级匹配与适才适用原则是现代人力资源管理中以人为本思想的具体体现和运用，它保证各种类型、各种层次的组织成员得到合理的和最大限度的使用。能级匹配是指根据员工个体能力的大小和能力的种类，科学地将其安排到相应职级的工作岗位上去，使其能力与具体的职位相称，从而达到人尽其才、各尽所能的管理目的。能级匹配、适才适用要求管理者能够准确、全面地掌握员工的能力结构和特长。管理者必须按照能力与工作性质有机结合的要求进行管理，才能充分发挥员工的特长，真正调动其积极性。

4．开发与使用并重

在人力资源管理活动及其资源配置上，根据社会经济及管理的需要，将人力资源的现实使用和不断开发联系在一起，两者相互衔接、相互补充、相辅相成。人力资源开发是为了人力资源的使用，而人力资源的使用又为开发指明了方向。

5．鼓励竞争，动力发展

人力资源管理的出发点是培养员工成为组织工作的动力源泉。管理者已经普遍认识到，没有激励和动力源泉，人力资源就无法发展。人员工作的动力机制，一方面来源于组织能够满足人员不同层次的期望和需求；另一方面来源于组织营造一种良好的竞争环境，激发、鼓励人们充分发挥自己的积极性、主动性和创造性，展示自身的潜能。通过激励管理，才能够创造出组织与人力资源发展的生机和活力。

三、人力资源开发与人力资源管理的关系辨析

人力资源开发和人力资源管理囊括了人力资源经济活动的总过程，两者既互相联系又有所区别。

（一）二者的区别

人力资源开发与管理囊括了组织人力资源经济活动的全部内容，它可以分为人力资源开发与人力资源管理两方面。

人力资源开发指国家或组织对所涉及范围内的所有人员进行人力资本投资、培植、挖掘和提高这些人员多方面的能力并使其能力得到充分发挥的战略管理过程。人力资源开发涵盖了教育、调配、培训、核算、周转等全过程，其侧重点在于组织一切力量和资源，采用一切可以采用的措施，有效地开发全社会或组织的智力，提高全社会人员或组织的整体素质和技能水平，目的在于为社会源源不断地提供各类人才。人力资源开发包括人口生育、节育措施，旨在提高人力资源质量的各种投资和管理活动，人力资源的预测、全社会人力资源的布局和宏观配置、就业和选拔人才的政策、制度设计、实施和管理等方面。

人力资源管理则主要指全社会或一个组织对从业人员从招工、录用、培训、使用、生产、调配直至退休的全过程进行的管理。人力资源管理主要强调国家部门或企业对已进入劳动领域的人力资源进行的人事管理、组织管理等微观管理，涉及人力资源管理事务的各个阶段，包括在职培训和开发智力等方面的开发性投资，既是人力资源管理系统的组成部

基础理论篇

分，也是人力资源开发系统的组成部分。

（二）二者的联系

人力资源开发和人力资源管理二者既有区别又有联系。

首先，从学科上来划分，人力资源开发属于综合性的边缘学科，人力资源管理则属于管理学科的一个分支，二者统一于人力资源经济活动的总体过程。

其次，从研究对象来区分，人力资源开发面对的是广义的人力资源范畴，即面对所有的人，涉及人的整个生命周期；而人力资源管理面对的是狭义的人力资源，即面对工作中的人。

最后，从问题本身的性质来区分，人力资源开发虽然也涉及微观问题，然而更多地属于宏观的战略性问题；而人力资源管理虽然也有宏观政策和目标管理，但更多地则属于微观的操作性问题。

人力资源开发与人力资源管理之间也存在密切联系。人力资源开发要求不断改善人力资源管理工作，合理安排和使用人力资源，充分发挥劳动者的生产积极性，在经济不断增长的前提下为人力资源的深度开发创造条件。与此同时，人力资源管理是实现人力资源开发战略的一个重要环节，人力资源开发的许多子目标要通过人力资源管理来落实、监控和优化。因此，在通常情况下二者合在一起简称为人力资源开发与管理。

第三节　人力资源管理的发展演进

纵观历史和现实，我们可以清晰地看到，人力资源管理遵循着一条从传统劳动人事管理到人力资源管理的演进轨迹。对人和事的管理是伴随组织的出现而产生的，人事管理的起源可以追溯到非常久远的年代。人事管理是伴随工业革命的产生而发展起来的，由美国的人事管理演变而来。20世纪70年代之后，人力资源在组织中所起的作用越来越大，传统的人事管理已经不适用，开始从管理的观念、模式、内容、方法等全方位向人力资源转变。从20世纪80年代开始，西方人本主义管理的理念与模式逐步凸显起来。人本主义管理就是以人为中心的管理，现代人力资源管理就是在此基础上应运而生的。

一、传统人事管理的特征呈现

随着工业革命的发生，机器大工业取代了手工业，职业的分工更加专业化，最早的工作分析诞生了。工作分析除了工序、班组与岗位设置研究，还包括生产方法等方面的研究。企业将员工视为同其他机器、设备一样的成本负担，员工与企业的关系属于单纯的雇佣关系，相互之间没有归属感和信任感。

这一阶段人事管理工作呈现以下特征：

传统的人事管理工作只限于人员招聘、选拔、分派、工资发放、档案管理之类琐碎的工作。后来，这一工作逐渐涉及职务分析、绩效评估、奖酬制度的设计与管理、人事制度的制定、员工培训活动的规划与组织等。

传统人事管理基本上属于行政事务性的工作，活动范围有限，以短期导向为主，主要由人事部门职员执行，很少涉及组织高层战略决策。

传统的人事管理在企业中地位较低，其内容很少涉及企业高层战略决策。人们普遍认为，人事管理是一项技术含量低且无需特殊专长的低档次活动，无法与生产、财务、销售等工作相提并论。因此，传统人事管理工作的重要性并不被人们重视，人事管理只属于执行层次的工作，无决策权力可言。

二、现代人力资源管理与传统人事管理的区别

到了20世纪80年代，企业迅猛发展，企业的管理水平不断提升。心理学及管理学界涌现出人本主义思潮，强调在管理中以人为本，注重挖掘人的发展潜力，现代人力资源管理便应运而生。它与传统的人事管理的差别，已经不仅是名称的转变，两者在性质上已经有了本质的转变。

第一，传统人事管理的特点是以"事"为中心，只见事，不见人，或者只见事的某一方面，而不见人与事的整体性、系统性，强调"事"的单一方面的静态的控制和管理，其管理的形式和目的是"控制人"；而现代人力资源管理以"人"为核心，强调一种动态的、心理的、意识的调节和开发，管理的根本出发点是"着眼于人"，其管理归结于人与事的系统优化，致使企业取得最佳的社会效益和经济效益。

第二，传统人事管理把人看作一种成本，将人当作一种"工具"，注重的是投入、使用和控制；而现代人力资源管理把人作为一种"资源"，注重产出和开发。是"工具"，可以随意控制它、使用它；是"资源"，特别是把人作为一种资源，就必须小心保护它、引导它、开发它。

第三，传统人事管理是某一职能部门单独使用的工具，似乎与其他职能部门的关系不大，但现代人力资源管理却与此截然不同。实施人力资源管理职能的人事部门逐渐成为决策部门的重要伙伴，提高了人事部门在决策中的地位。人力资源管理涉及企业的每一个管理者，人力资源管理部门的主要职责在于制订人力资源规划、开发政策，侧重于人的潜能开发和培训，同时培训其他职能经理或管理者，提高他们对人的管理水平和素质。

与传统人事管理相比，人力资源管理者的角色有了很大变化。人力资源管理者不只是做一些琐碎的事务性工作，而是要担当多种重要的角色。具体情况见表1-1所示[①]。

表1-1 人力资源管理者的多重角色

角色	行为	结果
战略伙伴	企业战略决策的参与者，提供基于战略的人力资源规划以及系统解决方案	将人力资源纳入企业的战略与经营管理活动当中，使人力资源与企业战略相结合
专家（顾问）	运用专业知识和技能研究开发企业人力资源产品与服务，为企业人力资源问题的解决提供咨询	提高组织人力资源开发与管理的有效性
员工服务	与员工沟通，及时了解员工的需求，为员工及时提供支持	提高员工满意度，增强员工忠诚感
变革的推动者	参与变革与创新，组织变革（并购与重组、组织裁员、业务流程再造等）过程中的人力资源管理实践	提高员工对组织变革的适应能力，妥善处理组织变革过程中的各种人力资源问题，推动组织变革进程

三、未来人力资源管理面临的挑战

当今社会正在进入知识经济、网络经济及经济全球化的时代。以知识经济为内涵视角，互联网为技术视角，经济全球化为外延视角，在这多维时代背景中，人力资源管理应做何调整？

（一）知识经济与人力资源管理新理念

知识型员工指的是那些掌握和运用符号和概念，利用知识或信息工作的人。20世纪初，体力员工与知识员工的比例关系为9:1；20世纪中叶为6:4；20世纪末为3:7；2010年体力员工与知识员工比例关系约为2:8。20世纪是以体力劳动者为主要对象的人力资源管理时代，21世纪则是一个以知识员工为主体对象的人力资源管理时代。企业之间的竞争，知识的创造、利用与增值，资源的合理配置，最终都要靠知识的载体——知识型员工来实现。而这些主要用"头脑"进行工作的知识员工，其受教育程度、需求结构、工作期望、价值观念、行为能力等，都不同于主要进行体力劳动的员工。作为追求自主性、个体化、多样化和创新精神的知识型员工群体，激励他们的动力更多地来自工作的内在报酬本身。因此，管理对象的历史性变化必然逐渐导致管理理念和管理模式的变革。

---

① 丁桂凤.人力资源开发与管理[M].北京：中国经济出版社，2016：6.

（二）互联网与人力资源管理新方式

自20世纪90年代中期以来，互联网在全球范围内迅速发展，极大地改变着人们的工作及生活方式。在人力资源管理领域，互联网及其信息技术正在引发工作方式和管理方式的历史性变革。例如，工作方式历史性变革的核心概念之一是远程办公。远程办公是指办公人员通过电子通信手段在传统集中化工作场所之外的任何地点进行分散化办公，其典型工作空间特征是小型办公室和家庭办公室（SOHO），同时也包括公务旅行中的客房办公室和车厢办公室。21世纪正在更大范围内进行一场工作方式或办公模式的变革，主要是地点分散、时间弹性的工作方式取代工业时代的那种集中地点、统一时间的传统工作方式。

管理方式的重大变革是人力资源管理的电子化，是指通过应用IT技术手段在互联网上实现人力资源管理的电子化。

人力资源管理的电子化范围将随着IT技术及HR软件的成熟发展而逐步扩大。初期阶段主要局限于事务性管理活动层面，如人事信息管理、福利管理、考勤管理、休假管理等；中期阶段从事务性管理层面扩展到常规性管理活动层面，涉及网上招聘、网上培训、网上考评、网上沟通等职能；后期阶段将在系统整合的基础上实现自上而下的战略性电子化人力资源管理。人力资源管理电子化不仅能够极大地降低管理成本、提高管理效率，而且更重要的是能够提升管理活动的价值，也就是说，它能够使人力资源管理者从低价值的事务性工作中解脱出来，投入更多的时间和精力从事高价值的战略性管理活动。

（三）经济全球化与人力资源管理新课题

经济全球化具有三个标志性特征：市场全球化、生产要素配置全球化、企业全球化。经济全球化及其所具有的基本特征对人力资源管理产生日益明显的影响，给人力资源管理带来了一些新课题。

一是稀缺人才的"零距离"国际竞争问题。经济全球化的标志性特征之一是生产要素配置的全球化，其中包括人力资源要素配置的全球化。因此，人力资源将成为全球共享的财富，劳动力将突破一国的市场区域而进行跨国界的流动，因而将会引发全球性人力资源竞争。全球化紧缺人才竞争所表现的空间形式已是短兵相接的"零距离"竞争，而如何应对"零距离"的稀缺人才竞争，如何克服人才竞争中的"马太效应"，如何吸引和留住组织所需要的人才，已经成为经济全球化时代背景下人力资源管理的新课题。

二是企业跨国并购中的人力资源整合问题。近年来，为了规避或降低竞争结局的风险及成本，"双赢"或"多赢"的竞争模式正在取代传统的两败俱伤的"博弈"竞争逻辑，由此，企业间尤其是大公司的跨国兼并和收购之风盛行。企业并购中涉及多方面资源的重新洗牌问题，如产品、市场、技术、资本以及人力资源的整合等，其中，人力资源整合具有统领性效应。不同的企业具有不同的企业文化、管理模式、管理制度、管理风格以及不同的员工组合结构，企业在兼并和收购过程中是否有能力以及如何进行优势互补，实现人力资源存量、企业文化、管理制度的优化整合，并通过人力资源和人力资源管理制度的有效整合，实现产品、市场、技术、资本的整合，这是决定企业并购成败的关键。

三是企业国际化中的"跨文化"管理问题。经济全球化以及人力资源配置全球化的过程是一个企业国际化过程。经济全球化导致企业的融资、技术、生产、销售等经营活动国际化，跨国公司进一步向全球市场扩展，同时出现越来越多不够跨国公司规格的国际经营企业，这是企业国际化的外在标志；跨国公司的扩展和国际经营企业大量出现又加快人力资源配置的全球化进程，使跨国公司和国际经营企业的员工结构上形成多元化特征，不同程度上成为"移民"企业，这是企业国际化的一个内在标志。企业国际化中凸显出跨文化管理的问题。如何在一个员工来自不同国家的国际化企业中，形成一种多元文化成分有机融合的企业文化，并使这种"跨文化"型企业文化体现于制度化管理之中，这正在成为经济全球化时代人力资源管理的新课题。

综上所述，现如今人力资源管理面临着诸多挑战，需要确立经济发展全球化的战略目标，深入分析知识型员工的特点，充分利用电子信息技术手段，才能顺应历史的潮流，做好人力资源管理的工作。

第二章　人力资源管理的理论依据

第一节　人力资本理论

人力资源开发与管理是指运用各种科学的方法对人力资源进行合理的培训、组织与调配，以人为中心，将人、财、物及任务在组织中保持最佳配置，同时对员工思想、心理和行为进行恰当的引导、调整和协调，充分发挥人的主观能动性，使人尽其才、事得其人、人事相宜，最终实现组织目标。人力资源管理以人力资本理论为基础，对人力资源进行开发。

一、人力资本理论的起源

人力资本理论起源于18世纪。18世纪中叶欧洲产业革命后，人类进入了大工业时代，生产力发生了三大根本性变革：一是机械生产代替手工生产；二是科学技术代替经验工艺套路，科技与生产互动作用日益加强；三是专业技术培训代替作坊师徒传教，人的知识、技术因素在生产中的作用越来越大。当时兴起的古典经济学开始从劳动者在生产过程中的不同作用来关注教育对促进生产发展、增加财富的意义。英国古典政治经济学的奠基者亚当·斯密（Adam Smith），在1776年出版的《国富论》中首次提出人的才能与其他任何种类的资本同样是重要的生产手段的观点。他还详细分析了人的经验、知识和能力作为财富和生产财富的重要作用，并据此指出，"学习一种才能，须受教育，须进学校学习的时候，固然要花费一笔费用，但这种费用，可以得以偿还，赚取利润"。

由于要受教育才能学会特殊技巧，所以他既承认人的经验、知识能力是财富并可生产财富的观点，还提出为获得才能资本而受教育是一种投资的观点。19世纪40年代，德国经济学家弗里德里希·李斯特（Friedrich List）也研究了才能在生产中的作用，他提出"物质资本"与"精神资本"的概念，认为精神资本是由智力方面的成果汇聚而成的，一个国家生产力的高低，取决于精神资本的运用，为此，他主张把教师列入生产者之列，因为教师"能使下一代成为生产者"。他还主张，"一个国家的最大部分消耗，是应该用于后一代的教育，应该用于国家未来生产力的促进和培养"。19世纪末20世纪初，新古典经济学代表人物阿尔弗雷德·马歇尔（Alfred Marshall）认为，"以一种抽象和数学的观点来看，无可否认，人是资本。但是，在实际分析中把他们当作资本，与市场的实际情况是不相符合的"。可见，马歇尔的人力资本思想是充满矛盾的。[①]

二、人力资本理论的发展演变

（一）人力资本思想的萌芽

最早的人力资本思想可以追溯到古希腊思想家柏拉图（Plato）的著作《理想国》中对教育和训练的经济价值的论述。亚里士多德也认识到教育的经济作用，以及一个国家维持教育以确保公共福利的重要性。但在他们眼中教育仍是消费品，其经济作用也是间接的。

"重农主义"的代表人物弗朗斯瓦·魁奈（Fransois Quesnay）是最早研究人的素质的经济学家，他认为人是构成财富的第一因素，"构成国家财富的是人"。英国古典经济学的创始人威廉·配第（William Petty）最先提出和论证了劳动决定价值的思想，奠定了劳动价值论的基础，并提出"土地是财富之母，劳动是财富之父"。他认为由于人的素质不同，所以劳动能力有所不同。当然，配第的劳动价值论还处于萌芽形态，有许多地方还值得商榷。

第一个将人力视为资本的经济学家是经济学鼻祖亚当·斯密，他在肯定劳动创造价值及劳动在各种资源中的特殊地位的基础上，明确提出了劳动技巧的熟练程度和判断能力的强弱必然要制约人的劳动能力与水平，而劳动技巧的熟练水平要经过教育培训才能提高，教育培训则是需要花费时间和付出学费的。这可以被认为是人力资本投资的萌芽思想。亚当·斯密认为经济增长主要表现在社会财富或者国民财富的增长上，财富增长的来源取决于两个条件：一是专业分工促使劳动生产率提高，因为分工越细人们劳动效率越高；二是劳动者数量的增加和质量的提高。

大卫·李嘉图（David Ricardo）继承并发展了亚当·斯密的劳动价值学说，坚持了商品价值量取决于劳动时间的原理。他还把人的劳动分为直接劳动和间接劳动。直接劳动是指投在直接生产过程中的劳动，它创造商品的价值；间接劳动则指间接投在所需生产资料上的物化劳动，它不创造价值，只是把原有的价值转移到商品中去。大卫·李嘉图曾明确指出机器和自然物不能创造价值，只有人的劳动才是价值的唯一源泉。

约翰·穆勒（John Mill）也继承了亚当·斯密的一些思想，穆勒认为技能与知识都是

---

① 凌瑶，张钠.现代人力资源开发与管理[M].北京：北京交通大学出版社，2015：22.

对劳动生产率产生重要影响的因素，他强调取得能力应当与机器、工具一样被视为国民财富的一部分。穆勒富有创造性的论点是从传统经济增长与资源配置的生产取向出发，指出教育支出将会带来更大的国民财富。

法国经济学家让·巴蒂斯特·萨伊（Jean-Baptiste Say）的某些观点尽管曾经受到马克思的严厉批评，但他也是提出人力资本思想萌芽的经济学家之一。萨伊认为，花费在教育与培训方面的费用总和称为"积累资本"，受过教育培训的人的工作报酬，不仅包括劳动的一般工资，还应包括培训时所付出的资本的利息，因为教育培训支出是资本。特别是他提出的"科学知识是生产力的一部分"的思想，无疑是非常重要的划时代的理论贡献。

阿尔弗雷德·马歇尔也提出知识和组织是资本的重要组成部分，是最有力的生产力。在进一步的研究中，马歇尔指出知识和组织是一个独立的生产要素，他认为教育投资对经济增长起重要作用。

（二）马克思的人力资本理论——劳动价值论

尽管马克思没有进行专门的人力资本理论研究，但他关于劳动的许多理论观点却是人力资本理论的重要思想基础。马克思的资本理论包括劳动价值理论、货币理论、资本生产理论、资本积累理论、资本循环与周转理论、社会总资本的再生产理论、生产价格理论、商业资本理论、借贷资本理论和地租理论。他认为，劳动是创造社会财富的主要源泉，人类的具体劳动创造商品的使用价值，抽象劳动创造商品的价值。马克思把人的劳动分为复杂劳动和简单劳动，前者具有较高的价值，是多倍的简单劳动。进而，他把可以提高人的智力和技巧的科学技术与教育看成是生产力的重要来源。同时，马克思还提出了劳动力的价值构成理论，在此基础上，他又把劳动分为生产性劳动和非生产性劳动，其中，非生产性劳动就是指劳动者受教育、培训及保持劳动能力的那部分劳动。马克思不仅继承了古典经济学家的某些理论，还创造性地提出了许多新观点。

（三）人力资本理论的形成与发展

1979年度诺贝尔经济学奖得主西奥多·舒尔茨（Theodore W. Schultz）在1960年美国经济学年会上的演说中系统阐述了人力资本理论。在此之前，欧文·费雪（Irving Fisher）在1906年发表的《资本和收入的性质》一文中首次提出人力资本的概念，并将其纳入经济分析的理论框架中。与舒尔茨同时代及以后对人力资本理论做出突出贡献的主要有加里·S.贝克尔（Gary S Becker）、爱德华·丹尼森（Edward denison）、雅各布·明赛尔（Jacob Mincer）等，他们从不同的角度对人力资本进行了论述。

舒尔茨对人力资本的最大贡献在于他第一次系统地提出了人力资本理论，并冲破重重

基础理论篇

阻力使其成为经济学一门新的分支。舒尔茨还进一步研究了人力资本的形成方式与途径，并对教育投资的收益率及教育对经济增长的贡献做了定量研究。因此，舒尔茨被称为"人力资本之父"。

贝克尔弥补了舒尔茨只分析教育对经济增长的宏观作用的缺陷，系统地进行了微观分析，研究了人力资本与个人收入分配的关系。贝克尔学术研究特点在于他把表面上与经济学无关的现象与经济学联系起来，并运用经济数学方法进行分析。

爱德华·丹尼森对舒尔茨论证的教育对美国经济增长的贡献率做了修正，他将经济增长的余数分解为规模经济效应、资源配置和组织管理改善、知识应用上的延时效应，以及资本和劳动力质量本身的提高等，从而论证了1929—1957年间美国的经济增长中教育的贡献率应是23%，而不是舒尔茨所讲的33%。

雅各布·明赛尔首次将人力资本投资与收入分配联系起来，并给出了完整的人力资本收益模型，从而开创了人力资本研究的另一个分支，同时他还研究了在职培训对人力资本形成的贡献。

总之，人力资本理论已经形成并发展起来，把它运用到微观企业层次中，特别是与我国国有企业改革结合起来，预防国有资产流失，解决国家所有者虚拟、转轨时期国有企业的内部人员控制等问题，激励企业员工，最终形成更完善的企业治理结构。

三、人力资本理论的主要框架

（一）人力资本理论的基本概念

人力资本是指人们花费在人力保健、教育、培训等方面的开支所形成的资本。这种资本就其实体形态来说，是活的人体所拥有的体力、健康、经验、知识和技能及其他精神存量的总称，它是生产增长的主要因素，是具有经济价值的一种资本。

人力资本与人力资源是有区别的。人力资源是一种数量化概念，人力资本则是一种质量化概念；人力资源反映不出人的素质差异，人力资本则反映出人的能力差异；人力资源是未开发的资源，人力资本则是人力资源开发结果；人力资源自然状况强，不能反映人的素质要素的稀缺性及市场供求关系，而人力资本正与之相反。

人力资本与物力资本也是有区别的。物力资本是体现在机器设备等物质生产资料上的资本；而人力资本是体现、凝结和储存在特定的人身上，与其天然所有者的个体不可分离。

（二）人力资本的基本特征

第一，人力资本体现、凝结、储存在特定的人身上，与其天然所有者的个体不可分离，不能转让买卖，是一种具有显著个体性或私人性的资本。

第二，人力资本是可以经过投资形成的，可以在未来获得预期收益的资本化的人力资产，是可以进行货币计量的。

第三，人力资本形成与效能的发挥与个人的生命周期紧密联系在一起，受个体的体力、生命年限、个人偏好等自然条件的限制。

第四，人力资本不仅是个人经济资源，也是含义更为广泛的社会资源。

（三）人力资本的投资形式

人力资本是人口质量的投资，从形式上看，这种投资主要包括以下几方面：

第一，各级正规教育。人力资本理论认为，正规学校教育是人力资本投资的最主要形式。

第二，在职培训。在职培训是提高劳动者工作能力、技术水平、熟练程度的重要的人力资本投资形式。

第三，医疗卫生保健。它包括影响一个人的寿命、力量强度、耐久力、精力的所有费用，目的是促进人的健康发展，既与人的数量有关，也与人的质量有关。

第四，劳动力国内流动费用。

第五，提高企业经营能力，以做出最佳决策。

第六，家庭用于养育子女所花费的时间等，也是一种人力资本投资。

（四）人力投资与经济发展的关系

首先，人力资本投资的作用大于物力资本投资的作用，确定人力资本投资和物力资本投资的合理比例，是促进经济增长的重要条件。因此，资本积累的重点应该从物力资本转移到人力资本。

其次，人力资本的积累是经济增长的重要源泉。第一，人力投资收益率大于物力投资收益率。第二，人力资本在各生产要素之间的相互替代作用，发挥越来越重要的作用。经济发展不能单纯依赖自然资源和人的体力劳动，生产中需要更多的智力因素取代原有的生产要素。

四、人力资本理论与知识资本理论的关系

人力资本理论与知识资本理论的产生背景、作用不同。现代人力资本理论是在解释"经济增长之谜"的情况下，由舒尔茨、贝克尔等人经过长期研究提出的，并由罗默、卢卡斯等加以深化发展。知识资本理论起源于知识经济时代，知识资本的提出正好解释了经济发展的动力问题。现代人力资本理论探讨的是人在促进技术进步和经济发展中的特殊作用，知识资本理论的主要任务是探讨经济持续增长的源泉。

在知识经济迅猛发展的今天，人力资本理论将研究重点放在人的知识能力方面，知识资本是现代人力资本理论在知识经济时代的必然产物。知识资本理论在人力资本与企业市场价值之间架起了桥梁，揭示了人力资本与结构性资本之间的相互关系。

在企业战略知识管理中，可以通过制度安排和组织安排来促进人力资本积累及其与结构性资本的有效互动，进而实现其市场价值。这样，企业人力资本与企业市场价值之间的关系日益明晰，从而将人们的眼光引向了非直接性资产——凝结在人力资本之中的组织知识和技能，使企业真正找到成功经营的有效方法。知识资本理论是对现代人力资本理论的深化。

总体来说，现代人力资本理论突破了资本同质性假设，使人在生产中的决定性作用得到复归，它证明了，人，特别是具有专业化技术和知识的高素质的人，是促进经济增长的真正动力。

现代人力资本理论的形成与演化共经历了三个阶段：20世纪60年代以劳动力要素分析为中心的形成阶段；20世纪80年代以内生技术增长模型为中心的发展阶段；20世纪90年代以知识资本理论为中心的深化阶段。不同阶段对人力资本在经济发展中作用机制的认识不同，由外生的宏观作用到内生的以企业为基础的微观作用，是现代人力资本理论演化的基本思路。

人力资本研究内涵的不断深化，既拓展了经济学的研究空间，又促进了国家、社会和家庭对人力资本的重视，推动了教育和科学的迅速发展。尽管如此，人力资本理论仍处于不断发展完善之中。

第二节　人性假设理论

一、人性假设概述

管理归根到底是人的管理，现代管理理论都以人性假设为前提，不同的人性假设在实践中体现为各种不同的管理观念和管理行为。因此，管理学在一定意义上又可被称为"人性之学"。由于人性假设不仅决定着管理理论的形成与发展，同时还制约着人类的管理实践活动，因此，对于人性的正确、深刻认识和理解对于人力资源管理的意义就十分重要。

（一）人性假设的基本含义

人性是指人所特有的区别于动物的一切人普遍具有的各种属性的总和。它包括社会属性、精神属性和自然属性。因此，人性是人的一般特性，是人类的共性。

管理学中的人性假设是指人们根据一定社会时期内管理活动赖以成立的特定经济、政治和文化条件，对管理活动中人的需要和人的本性所做出的一种预设。它属于管理理论的深层次结构，通过间接地影响管理理论和人们的管理思想、管理制度来发挥自己的作用。在西方，自1957年美国管理学家道格拉斯·麦格雷戈（Douglas M·McGregor）首次在管理学研究中提出"人性假设"问题以来，众多的西方管理学家对此做了大量的论述。其中，有代表性的人性假设有"经济人""社会人""自我实现人"和"复杂人"等。

麦格雷戈认为，人性假设概括起来有三点：管理的理论与管理者的观念是第一位的，而管理的政策与具体措施是第二位的，不能本末倒置、不加区别；强调在管理中要着重开发人力资源，发掘人的"潜在力量"；管理人员要采取哪种理论假设要看具体情况，但是所持理论的观点要旗帜鲜明。

（二）人性假设对管理的意义

人力资源管理在本质上是对人的管理，如果不能把人管理好，也就不能管理整个组织。所以，对人的管理是一切组织管理的首要任务和核心问题，而要管理好人，就离不开对人的正确认识，也就必须从人性出发，采取符合人性特点的管理措施。

著名的未来预测研究专家约翰·奈斯比特（John Naisbitt）指出：21世纪最激动人心的突破会因为人性论的发展而发生。这是因为人是一种最珍贵的资源，是一种可以开发其他各种资源的资源，一旦人的资源被开发，21世纪的社会经济就会获得空前的繁荣。

在管理学的发展历程中，不同的人性假设形成了不同的管理理论，这些理论都是当时管理实践状况的反映，在当时特定的社会状况中，都蕴含着某种程度的合理性，但也不可避免地存在着片面性和局限性。人性假设理论一方面对管理理论的形成和发展有着决定性的作用，另一方面又对人类的管理活动起着制约作用，因此，对于人性正确、深刻的认识和理解，直接影响着现代企业管理的成效。管理者总是把自己对人的理解或对人性的看法作为出发点，来选择、制定和实施一套合理、有效的对人的管理方式。也就是说，不同的人性假设在实践中体现为各种不同的管理观念、管理方法和管理行为。因此，对人性有一个客观、全面、正确的认识是进行人力资源管理工作的前提。

二、"经济人"人性假设

（一）"经济人"人性假设和X理论的含义

"经济人"人性假设源于享乐主义哲学和亚当·斯密关于劳动交换的经济理论。亚当·斯密在《国富论》中说：人都是趋利避害的，自私自利是人的本性，是与生俱来的。

人们在自私自利的本性驱使下从事各种各样的活动，目的就在于实现个人利益的最大化，这些活动在客观上又有利于社会与他人。

"经济人"又称"唯利人"，这种理论认为人的行为就是为了追求最大利益，满足个人利益最大化的基本动机。当人们在经济活动中面临若干不同的选择机会时，总是倾向于选择能给自己带来更大经济利益的那种机会，工作的目的是获得经济报酬。这种假设导致把管理工作的重点放在提高生产率上，管理者关注的焦点是各种有形的资源，如资金、机器设备、原材料等，忽视了员工的情感需要，形成一种"以事为中心"的管理。

道格拉斯·麦格雷戈在《在企业中的人性方面》一书中将这种人性假设概括为"X理论"。X理论阐述的是：假设人都是"经济人"，管理会采取与这一假设相一致的管理措施。这种理论的主要内容有：①一般人的天性是懒惰的，大多数人都好逸恶劳，而且只要有机会，总是想法逃避工作。②一般人是没有雄心壮志的，他们喜欢逃避责任，对安全感的需要高于一切，宁可接受别人的指挥也不愿承担责任。③一般人的个人目标和组织目标是矛盾的，为了达到组织目标，就需要依靠强制、惩罚的办法。④人生来就以自我为中心，漠视组织的需要。⑤人习惯于守旧，反对变革，把个人的安全看得高于一切。⑥一般人是缺乏理智的，不能自制的，容易受他人影响，所以，要用外在控制的手段来管理人。⑦多数人的目标是满足基本的需要，只有金钱才能鼓励他们努力工作。⑧人大致可以划分为两类，多数人都是符合上述设想的人，另一类是能够自己鼓励自己，能够克制感情冲动的人，这些人应担当管理的责任。

（二）与"经济人"人性假设相对应的管理方法

在这种人性假设的基础上，管理的重点是生产任务和劳动生产率。组织以金钱来刺激员工的劳动积极性，对消极的员工采取严厉的惩罚措施，并制定严格的管理制度、工作规范，加强各种法规管制。这种管理方式对提高组织的效率起到了积极的作用。

依据"经济人"人性假设的理论，可以采取下述管理方法：

第一，制定各种严格的工作规范，加强各种管理制度，同时对消极的员工严厉惩罚。

第二，管理者的主要责任是执行管理职能，保证生产任务的有效完成。管理工作是少数人的事，与广大员工无关，员工的责任就是干活，听从管理者的指挥。

第三，管理工作的目的不再将稳定与权威放在第一位，而是将效率放到了首位。为了提高效率而强调科学、理性、精密性和纪律性，强调标准化的作业方式、理性化的组织结构、集权化的领导方式。

第四，用经济报酬来激励工作生产，把员工的工作动机归于经济需求，认为只要满足了员工的经济需求，员工就会为组织提供劳动，从而实现劳资双赢的局面，所以，激励手段主要是经济刺激。

在这种假设的思想指导下，对员工实施的管理只想"控制"，缺乏尊重，强调了人的较低层次的需要，而忽视了人的社会心理需求。在这种管理模式下，员工的工作缺乏主动性和积极性，工作绩效平平。美国古典管理学家泰勒（F.W. Taylor）的科学管理方法就是"经济人"假设的具体体现。泰勒所提倡的"时间—动作分析"，虽然有其科学性的一面，但其基本出发点是考虑如何提高生产率而不考虑员工的思想感情。

（三）"经济人"人性假设的评价

"经济人"人性假设改变了当时放任自流的管理状态，加强了社会上对消除浪费和提高效率的关心，促进了科学管理体制的建立。其中的一些管理方法，直到现代仍然被广泛使用。

首先，它注意到了人的最基本需要——生理与安全需要，并且强调生理和安全需要对人的生存发展的重要性，这是值得肯定的。其次，尽管"经济人"假设忽视了员工的情感和思想，把员工看成是机器人，但是它在任务管理中强调劳动定额，强调实行完善的监督，强调明确的分工和职责，这是现代管理需要吸取的。最后，"经济人"假设强调金钱对员工的激励作用，特别是强调实行绩效工资制，对调动员工的积极性是有意义的。

"经济人"人性假设的不足主要表现在：首先，把金钱作为唯一的管理手段，忽视组织中思想工作的重要性；其次，只重视任务的完成，不注重员工的心理需要；再次，把员工看成被动的服从者，没能看到员工的能动性，否认了员工的自觉性、主动性、创造性与责任心；最后，认为大多数人缺少雄心壮志，只有少数人起统治作用，因而把管理者与被管理者绝对对立起来，反对员工参与管理，否认员工在生产中的地位与作用。

三、"社会人"人性假设

（一）"社会人"人性假设的含义

"社会人"又称社交人，是人际关系学家梅奥（G.E. Mayo）根据霍桑实验的结果于1933年在其出版的《工业文明的人类问题》一书中提出的。"社会人"假设认为人不是各自孤立存在的，不是机械的、被动的动物，而是作为某一个群体的一员有所归属的"社会人"，是一种社会存在。人具有社会性的需求，如良好的人际关系的需求，人与人之间的关系和组织的归属感比经济报酬更能激励人的行为。因此，管理者应建立和谐的人际关系来促进工作效率和效益的提高。

基础理论篇

"社会人"的基本假设是：

第一，从根本上说，人是由社会需求而引起工作的动机，并且通过同事的关系而获得认同感。

第二，建立新型的人际关系，领导者要了解员工，善于倾听并和员工沟通，使正式组织的经济需要和非正式组织的社会需要取得平衡。

第三，人是"社会人"，影响人的积极性的因素除物质因素外，还有社会的心理因素。人与人之间的关系在调动员工积极性方面起着决定作用，员工对同事的社会影响力，比管理者所给予的经济诱因更为受重视。

第四，生产效率的高低，主要取决于员工的士气，而士气取决于家庭生活、社会生活及企业中的人与人之间的关系是否协调一致。

第五，在正式组织中存在着非正式群体，这些非正式群体有其特殊的行为规范，对其成员有着很大的影响。

第六，技术进步和工作合理化，使得员工对工作本身失去了意义。这些丧失的意义必须从工作中的社会关系中寻求。

"社会人"人性假设注意到了员工精神方面的需要，这和以前理论相比是一个重大的进步，使人性第一次受到了尊重。"社会人"人性假设不仅看到员工具有满足自然性的需要，并且进一步认识到员工还有尊重的需要、社交的需要等其他一些社会需要。

（二）与"社会人"人性假设相对应的管理方法

依据"社会人"人性假设的理论，应当采取下述管理方法：

第一，管理人员不仅要注意完成生产任务，在完成生产任务的同时更应该关心员工，满足员工的需要。

第二，管理人员不能仅仅重视生产过程中的指挥、计划、组织和控制，而更应该重视员工之间的关系，培养并形成员工的归属感和整体感，更应该重视非正式组织的作用。

第三，在实行奖励时，着重提倡集体奖励，不主张个人奖励制度。

第四，管理人员不应只限于制订计划、组织工序、检验产品等，其职能应该发生相应改变，即在员工与上级之间起联络作用。一方面，要听取员工的意见和要求，了解员工的思想感情；另一方面，又要向上级呼吁、反映。

第五，注重"参与管理"的新型管理方式，让员工不同程度地参加企业决策的研究和讨论。

（三）"社会人"人性假设的评价

随着社会生产力的发展，企业之间竞争的加剧和企业劳资关系的紧张，使得管理者开始重新认识"人性"问题。社会人假设下的管理对策不再把重点放在正式组织的运作上，而是着眼于对员工的关心和移情理解，不是强调控制而是强调支持。在这方面，西方的许多企业都收到了显著的效果。

"社会人"人性假设的出现开辟了管理和管理理论的一个新领域，并且弥补了古典管理理论的不足，为之后行为科学的发展奠定了基础。"社会人"的假设认为人与人之间的关系对于激发动机、调动员工积极性比物质奖励更为重要。因此，这一点对于企业制定奖励制度有一定参考意义。

这种假设中的人际关系，并未改变资本主义社会的雇佣关系、剥削关系，也没涉及社会生产关系的改变，因此，它不能解决资本主义社会的阶级矛盾与冲突。它过于偏重非正式组织的作用，对正式组织有放松研究的趋势；这是一种依赖性的人性假设，对人的积极主动性及其动机研究还缺乏深度；它在追求团体归属感的同时否定了个性和独立性；它过分否定了人的现实的经济需求。

四、"自我实现人"人性假设

（一）"自我实现人"人性假设与Y理论的含义

"自我实现人"人性假设出现在20世纪50年代，当时物质与精神文明都很丰富，资本主义工业发展到高度机械化程度。由于大工业生产的发展，员工被束缚在狭窄的工作范围之内，只是重复简单的单调动作，看不到自己的工作与整个组织任务的联系，因此，工作的"士气"低落，影响了产量和质量的提高。

"自我实现人"这个概念最早由马斯洛（A.H.Maslow）提出，他把人的需要分为五个层次：生理需要、安全需要、爱和归属需要、尊重需要和自我实现需要。当人们最基本的需要得到满足时，就会致力于较高层次需要的满足，即自我实现。所谓自我实现，是人所具有的发挥自己潜力、表现自己才能的需要。麦格雷戈将"自我实现人"人性假设进一步深化，把它称为"Y理论"，这种理论的主要观点是：①人并非生来就是懒惰的，要求工作是人的本能；工作需要消耗体力和脑力，正如游戏和休息一样，都是自然需要。②外部的控制力量和惩罚性措施并不是使员工为达到组织目标而努力工作的唯一手段，员工在为承诺的目标服务过程中会实现自我引导和自我控制。③人有追求满足欲望的需要，对目标的参与能使自我意识和自我实现的需要得到满足，通过参与将使个人目标与组织目标统一起来。④在适当的条件下，一般人不仅会接受某种责任，还会主动承担责任。规避责任、缺乏志向等现象，是后天习得的结果。⑤在现代工业中，员工的智慧和潜能只被使用了很少一部分，有待于深入地开发和利用，关键是如何调动员工的积极性。⑥员工并非必然会

基础理论篇

对组织目标产生抵触和采取消极态度，造成这种情况的原因，主要是组织压力。⑦大多数员工都有解决组织问题的想象力和创造力，敢于面对各种挑战，善于开拓性的工作。⑧员工最大的工作报酬不是外部的而是内部的，是通过实现组织目标而获得个人的自我满足、自我实现的需要。

（二）与"自我实现人"人性假设相对应的管理方法

在"自我实现人"人性假设基础上，管理的重点是为员工创造适宜的工作环境和工作条件，以利于充分地发挥其潜能。管理者的角色转变成了一个搜寻者，管理者的职责在于以搜寻者的身份了解环境，根据不同员工的不同需求，安排富有挑战性的工作，并采取各种激励方法来调动员工的积极性。在这种理论假设下，管理人员应把工作重点放在创造机会、发掘潜力、消除障碍、鼓励成长和提供指导等方面。

依据"自我实现人"人性假设的理论，应当采取下述管理方法：

第一，"自我实现人"人性假设重视环境因素，管理者的主要职能不是生产的指导者，他的主要任务是创造一个适当的工作环境和工作条件，使员工能充分挖掘自己的潜力，减少和消除员工自我实现的障碍，在完成任务中产生自豪感，达到自我实现。良好的环境主要包括政策导向、人际关系环境、福利、设备等。

第二，扩大工作范围，尽量降低工作的单调乏味，尽可能地让员工从事多项具有挑战性的工作，满足员工自我实现的需要。让员工在工作中获得知识、增长才干、实现自我成就感。

第三，管理制度应能保证员工充分发挥自己的才能，重视员工参与管理，下放权力，建立决策参与制度、提案制度，在不同程度上让员工参与企业各级管理工作的研究，能充分体现公司对员工的尊重、信任，从而使员工产生强烈的归属感、责任感和成就感。

第四，鼓励员工对自己的工作绩效做出评价。要求员工为自己制定目标，对自己评定，这种方法可以鼓励员工个人对制订计划和评价自己对组织目标所做的贡献承担更大责任，有助于员工充分发挥自己的才能，满足自我实现的需要。

第五，注重薪酬的内部公平性，鼓励创新，激励措施灵活多样。奖励制度重视员工内部的激励，只有内在奖励才能满足人的自尊和自我实现的需要，从而极大地调动员工的积极性。

（三）"自我实现人"人性假设的评价

该理论促使企业采取弹性工作时间，实行参与决策制度，把注意力放到创造工作环境上，重视内在的激励，解决了管理中的一些弊端。"自我实现人"人性假设并不是一个完美的人性假设，它也有片面性和局限性，人不是天生懒惰，也不是天生勤奋，人是否追求"自我实现"要取决于后天社会环境的影响。

五、"复杂人"人性假设

（一）"复杂人"人性假设与超Y理论的含义

随着管理心理学研究的不断深入，管理学者发现，人类的需要和动机是复杂多变的。人的需要在不同的情境、不同的年龄是有区别的。20世纪60年代，美国学者埃德加·沙因（Edgar H.Schein）提出了"复杂人"的观点。沙因认为，"不仅人们的需要与潜在欲望是多样的，而且这些需要的模式也是随着年龄与发展阶段的变迁，随着所扮演的角色的变化，随着所处境遇及人际关系的演变而不断变化的"。沙因认为，"经济人""社会人""自我实现人"反映着人性的各个侧面，但每种人性观都不够全面，应该有一种全新的人性观，因此，综合前三者的合理内核，他提出了"复杂人"人性假设。

根据"复杂人"人性假设，美国管理学者莫尔斯（J.Morse）与洛希（J. W.Lorsch）提出了相对应的超Y理论。他们认为，X理论并非一无用处，Y理论也不是普遍适用，应该针对不同的情况，选择或交替使用X理论和Y理论，这就是超Y理论。

"复杂人"人性假设理论的基本内容为：

第一，人的需要是多种多样的，随着人的发展和生活条件的改善而不断地变化，需要的层次也不断改变，人的需要须用多种方式来满足。

第二，人在同一时间内会有各种需要和动机，并且各种需要和动机又互相作用、相互影响，形成错综复杂的动机模式，共同决定人的行为。例如：两个人都想得到奖金，但其动机可能不一样。

第三，由于人在组织中的工作和生活条件是不断变化的，因而会不断产生新的需要和动机，在人生活的某一特定时期，动机模式的形成是内部需要与外界环境相互作用的结果。

第四，人在不同单位或同一单位的不同部门工作，会产生不同的需要。一个在正式组织中受到冷遇的员工，可能在非正式群体中找到自己的社交需要与自我实现需要的满足。

第五，由于人的需要不同、能力各异，对同一管理方式会有不同的反应，因此，没有一种管理方式适用于所有人，管理要根据不同的时间、地点、情况，因人而异，也就是说要进行动态管理。

（二）与"复杂人"人性假设相对应的管理方法

依据"复杂人"人性假设的理论，应当采取下述管理方法：

第一，管理者要有权变的观念，要依据企业所处的内外环境的变化确定不同的管理方式。在特定情景中，管理者要学会采取适合该情景的管理或领导方式。

第二，管理者要善于发现员工的需要和动机的差异，充分关注员工的需要，从人的角度和环境的角度考虑采用不同的管理方式，因人而异，因时而异，不能千篇一律。

第三，根据组织形式不同采取不同的管理策略和措施，不能过于简单化和一般化，要具体情况具体分析。有的采取较为固定的组织形式效果好，有的则采取灵活、变化的形式效果较好。

第四，绩效考核采取多种方法，既看工作结果，也看行为表现，考核标准不能一致，应根据工作的特点而改变。

（三）"复杂人"人性假设的评价

管理理论对人性的认识，从"经济人"人性假设到"社会人""自我实现人""复杂人"人性假设，经历了一个不断发展、逐步深化的过程。"复杂人"人性假设吸收了前三种假设的优点，但没有取得突破性进展，而是进行调和与完善，具有辩证思想，认为没有普遍使用的管理方法，强调从具体情况出发，根据不同的场合、不同的对象，灵活采用不同的措施，提倡管理人员应该掌握各种管理的原则并灵活使用。

"复杂人"人性假设是有片面性的，过于强调人的差异性，而在一定程度上忽视了人的共同性，从而使"复杂人"人性假设陷入了不可知论的境地。"复杂人"人性假设不能从"人"所处的个体的生产关系出发去认识人的需要和人的生产积极性，因而它也只是看到了"人性"的复杂这个现象，无法认识"复杂人性"的本质。

第三节　激励理论

在经济发展的过程中，劳动分工与交易的出现带来了激励问题。激励理论是行为科学中用于处理需要、动机、目标和行为四者之间关系的核心理论。行为科学认为，人的动机来自需要，由需要确定人们的行为目标，激励则作用于人的内心活动，激发、驱动和强化人的行为。激励理论是业绩评价理论的重要依据，它说明了为什么业绩评价能够促进组织业绩的提高，以及什么样的业绩评价机制才能够促进业绩的提高。

早期的激励理论研究是对于"需要"的研究，回答了以什么为基础，或根据什么才能激发调动工作积极性的问题，包括马斯洛的需求层次理论、赫茨伯格的双因素理论，以及麦克利兰的成就需要理论等。最具代表性的马斯洛需要层次论就提出人类的需要是有等级层次的，从最低级的需要逐级向最高级的需要发展，这些需要按其重要性依次排列为：生理需要、安全需要、社会需要、尊重需要和自我实现需要。并且提出当某一级的需要获得满足以后，这种需要便中止了它的激励作用。

激励理论中的过程学派认为，通过满足人的需要实现组织的目标有一个过程，即需要通过制定一定的目标影响人们的需要，从而激发人的行动，包括弗鲁姆的期望理论、洛克和休斯的目标设置理论、波特和劳勒的综合激励模式、亚当斯的公平理论、斯金纳的强化理论，等等。

一、主要的激励理论

主要的激励理论有三大类，分别为内容型激励理论、过程型激励理论和行为修正型激励理论。

（一）内容型激励理论

所谓内容型激励理论，是指针对激励的原因与起激励作用的因素的具体内容进行研究的理论。这种理论着眼于满足人们需要的内容，即人们需要什么就满足什么，从而激起人们的动机。

内容性激励理论重点研究激发动机的诱因。主要包括马斯洛的"需要层次论"、赫茨伯格的"双因素论"和麦克利兰的"成就需要激励理论"等。

1.马斯洛的需要层次理论

亚伯拉罕·哈罗德·马斯洛（Abraham Harold Maslow）于1943年初次提出了"需要层次"理论，他把人类纷繁复杂的需要分为生理的需要、安全的需要、友爱和归属的需要、尊重的需要和自我实现的需要五个层次。1954年，马斯洛在《激励与个性》一书中又把人的需要层次发展为由低到高的七个层次：生理的需要、安全的需要、友爱与归属的需要、尊重的需要、求知的需要、求美的需要和自我实现的需要。

马斯洛认为，只有低层次的需要得到部分满足以后，高层次的需要才有可能成为行为的重要决定因素。七种需要是按次序逐级上升的。当下一级需要获得基本满足以后，追求上一级的需要就成了驱动行为的动力。但这种需要层次逐渐上升并不是遵照"全"或"无"的规律，即一种需要100%的满足后，另一种需要才会出现。事实上，社会中的大多数人在正常的情况下，他们的每种基本需要都是部分地得到满足。

马斯洛把七种基本需要分为高、低两级，其中生理需要、安全需要、社交需要属于低级的需要，这些需要通过外部条件使人得到满足，如借助工资收入满足生理需要，借助法律制度满足安全需要等。尊重需要、自我实现的需要是高级的需要，它们是从内部使人得到满足的，而且一个人对尊重和自我实现的需要，是永远不会感到完全满足的。高层次的需要比低层次的需要更有价值，人的需要结构是动态的、发展变化的。因此，通过满足员工的高级需要来调动其生产积极性，具有更稳定、更持久的力量。

马斯洛提出的动机理论认为，人的需要可以分为五个层次：①生理需要——维持人类生存所必需的身体需要。②安全需要——保证身心免受伤害。③归属和爱的需要——包括感情、归属、被接纳、友谊等需要。④尊重的需要——包括内在的尊重（如自尊心、自主权、成就感等需要）及外在的尊重（如地位、认同、受重视等需要）。⑤自我实现的需要——包括个人成长、发挥个人潜能、实现个人理想的需要。

2. 赫茨伯格的双因素理论

激励理论—保健因素理论是美国的行为科学家弗雷德里克·赫茨伯格（Frederick Herzberg）提出来的，又称双因素理论。赫茨伯格曾获得纽约市立学院的学士学位和匹兹堡大学的博士学位，以后在美国和其他三十多个国家从事管理教育和管理咨询工作，是犹他大学的特级管理教授。他的主要著作有：《工作的激励因素》《工作与人性》《管理的选择：是更有效还是更有人性》。双因素理论是他最主要的成就，在工作丰富化方面，他也进行了开创性的研究。

20世纪50年代末期，赫茨伯格和他的助手们在美国匹兹堡地区对二百名工程师、会计师进行了调查访问。访问主要围绕两个问题：在工作中，哪些事项是让他们感到满意的，并估计这种积极情绪持续多长时间；又有哪些事项是让他们感到不满意的，并估计这种消极情绪持续多长时间。赫茨伯格以对这些问题的回答为材料，着手去研究哪些事情使人们在工作中获得快乐和满足，哪些事情造成不愉快和不满足。结果他发现，使职工感到满意的都是属于工作本身或工作内容方面的，使职工感到不满的都是属于工作环境或工作关系方面的。他把前者叫作激励因素，后者叫作保健因素。

激励因素指能带来积极态度、满意和激励作用的因素，是那些能满足个人自我实现需要的因素，包括成就、赏识、挑战性的工作、增加的工作责任，以及成长和发展的机会。如果这些因素具备了，就能对人们产生更大的激励。从这个意义出发，赫茨伯格认为传统的激励假设，如工资刺激、人际关系的改善、提供良好的工作条件等，都不会产生更大的激励；它们能消除不满意，防止产生问题，但这些传统的激励因素即使达到最佳程度，也不会产生积极的激励。按照赫茨伯格的意见，管理当局应该认识到保健因素是必需的，不过它一旦使不满意中和以后，就不能产生更积极的效果。只有激励因素才能使人们有更好的工作成绩。

保健因素的满足对职工产生的效果类似卫生保健对身体健康所起的作用。保健从人的环境中消除有害于健康的事物，它不能直接提高健康水平，但有预防疾病的效果；它不是治疗性的，而是预防性的。保健因素包括公司政策、管理措施、监督、人际关系、物质工作条件、工资、福利等。当这些因素恶化到人们认为可以接受的水平以下时，就会产生对工作的不满意。但是，当人们认为这些因素很好时，它只是消除了不满意，并不会导致积极的态度，这就形成了某种既不是满意又不是不满意的中性状态。

赫茨伯格及其同事又对各种专业性和非专业性的工业组织进行了多次调查，他们发现，由于调查对象和条件不同，各种因素的归属有些差别，但总的来看，激励因素基本上都是属于工作本身或工作内容的，保健因素基本都是属于工作环境和工作关系的。但是，赫茨伯格注意到，激励因素和保健因素都有若干重叠现象，如赏识属于激励因素，基本上起积极作用；但当没有受到赏识时，又可能起消极作用，这时又表现为保健因素。工资是保健因素，但有时也能产生使职工满意的结果。

赫茨伯格的双因素理论同马斯洛的需要层次论有相似之处。他提出的保健因素相当于马斯洛提出的生理需要、安全需要、感情需要等较低级的需要；激励因素则相当于受人尊敬的需要、自我实现的需要等较高级的需要。当然，他们的具体分析和解释是不同的。但是，这两种理论都没有把"个人需要的满足"同"组织目标的达到"这两点联系起来。

但是，双因素理论促使企业管理人员注意工作内容方面因素的重要性，特别是它们同工作丰富化和工作满足的关系，因此是有积极意义的。赫茨伯格告诉我们，满足各种需要所引起的激励深度和效果是不一样的。物质需求的满足是必要的，没有它会导致不满，但是即使获得满足，它的作用往往是很有限的、不能持久的。要调动人的积极性，不仅要注意物质利益和工作条件等外部因素，更重要的是要注意工作的安排，量才录用，各得其所，注意对人进行精神鼓励，给予表扬和认可，注意给人以成长、发展、晋升的机会。随着温饱问题的解决，这种内在激励的重要性越来越明显。

3．戴维·麦克利兰的成就需要理论

美国哈佛大学教授戴维·麦克利兰（David.C.McClelland）把人的高级需要分为三类，即权力、交往和成就需要。

在实际生活中，一个组织有时因配备了具有高成就动机需要的人员，使得组织成为高成就的组织，但有时是由于把人员安置在具有高度竞争性的岗位上才使组织产生了高成就的行为。麦克利兰认为前者比后者更重要。这说明高成就需要是可以培养出来的，并且目前已经建立了一整套激励员工成就需要的培训方法来提高生产率，以及为在出现高成就需要的工作时培养合适的人才。

成就需要理论也称激励需要理论，20世纪50年代初期，麦克利兰集中研究了人在生理和安全需要得到满足后的需要状况，特别对人的成就需要进行了大量的研究，从而提出了一种新的内容型激励理论——成就需要激励理论。成就需要激励理论的主要特点是：它

更侧重于对高层次管理中被管理者的研究，如他所研究的对象主要是生存、物质需要都得到相对满足的各级经理、政府职能部门的官员及科学家、工程师等高级人才。由于成就需要激励理论的这一特点，它对于企业管理以外的科研管理、干部管理等具有较大的实际意义。

麦克利兰认为，在人的生存需要基本得到满足的前提下，成就需要、权力需要和交往需要是人的最主要的三种需要。成就需要的高低对一个人、一个企业的发展起着特别重要的作用。该理论将成就需要定义为根据适当的目标追求卓越、争取成功的一种内驱力。

该理论认为，有成就需要的人，对胜任和成功有强烈的要求，同样，他们也担心失败，他们乐意甚至热衷于接受挑战，往往为自己树立有一定难度而又不是高不可攀的目标，他们敢于冒风险，又能以现实的态度对付冒险，绝不以迷信和侥幸心理对付未来，而是对问题擅于分析和估计。他们愿意承担所做工作的个人责任，但对所从事的工作情况希望得到明确而又迅速的反馈。这类人一般不常休息，喜欢长时间的工作，即使真出现失败也不会过分沮丧。一般来说，他们喜欢表现自己。成就需要强烈的人事业心强，喜欢那些能发挥其独立解决问题能力的环境。在管理中，只要给他提供合适的环境，他就会充分发挥自己的能力。权力需要较强的人有责任感，愿意承担需要的竞争，并且能够取得较高的社会地位的工作，喜欢追求和影响别人。

该理论还认为，具有归属和交往需要的人，通常从友爱、情谊、人与人之间的社会交往中得到欢乐和满足，并总是设法避免因被某个组织或社会团体拒之门外而带来的痛苦。他们喜欢保持一种融洽的社会关系，享受亲密无间和相互谅解的乐趣，随时准备安慰和帮助危难中的伙伴。交往需要是人们追求他人的接纳和友谊的欲望。交往需要欲望强烈的人渴望获得他人赞同，高度服从群体规范，忠实可靠。

4. 奥尔德弗的ERG理论

ERG理论是"生存—相互关系—成长需要理论"的简称。克雷顿·奥尔德弗（Clayton Alderfer）认为，职工的需要有三类：生存需要（E）、相互关系需要（R）、成长需要（G）。

奥尔德弗把人的需要归为以下三类：

（1）生存需要。生存需要指的是全部的生理需要和物质需要。如吃、住、睡等。组织中的报酬，对工作环境和条件的基本要求等，也可以包括在生存需要中。这一类需要大体上和马斯洛的需要层次中生理和安全的需要相对应。

（2）相互关系需要。相互关系需要指人与人之间的相互关系、联系（或称之为社会关系）的需要。这一类需要类似马斯洛需要层次中部分安全需要，全部归属或社会需要，以及部分尊重需要。

（3）成长需要。成长需要指一种要求得到提高和发展的内在欲望，它指人不仅要求充分发挥个人潜能、有所作为和成就，而且还有开发新能力的需要。这一类需要可与马斯洛需要层次中部分尊重需要及整个自我实现需要相对应。

该理论认为，各个层次的需要得到的满足越少，越为人们所渴望；较低层次的需要越是能够得到较多的满足，较高层次的需要就越渴望得到满足；如果较高层次的需要一再得不到满足，人们会重新追求较低层次需要的满足。这一理论不仅提出了需要层次上的满足到上升的趋势，而且指出了挫折到倒退的趋势，这在管理工作中很有启发意义。同时，ERG 理论还认为，一个人可以同时有一个以上的需要。

（二）过程型激励理论

过程型激励理论重点研究从动机的产生到采取行动的心理过程。主要包括弗鲁姆的期望理论、海德的归因理论和亚当斯的公平理论等。

1. 弗鲁姆的期望理论

这是心理学家维克多·弗鲁姆（Victor Vroom）提出的理论。期望理论认为，人们之所以采取某种行为，是因为此种行为可以有把握地达到某种结果，并且这种结果对其有足够的价值。换言之，动机激励水平取决于人们认为在多大程度上可以达到预计的结果，以及人们判断自己的努力对于个人需要的满足是否有意义。

2. 海德的归因理论

归因理论是美国心理学家海德（F.Heider）于1958年提出的，后因美国心理学家韦纳及其同事的研究而再次活跃起来。

归因理论是探讨人们行为的原因与分析因果关系的各种理论和方法的总称。归因理论侧重于研究个人用以解释其行为原因的认知过程，亦即研究人的行为受到激励是"因为什么"的问题。

3. 亚当斯的公平理论

公平理论又称社会比较理论，它是美国行为科学家约翰·斯塔希·亚当斯（John Stacey Adams）在《工人关于工资不公平的内心冲突同其生产率的关系》《工资不公平对工作质量的影响》《社会交换中的不公平》等著作中提出来的一种激励理论。该理论侧重于研究工资报酬分配的合理性、公平性及其对员工生产积极性的影响。

（三）修正型激励理论

修正型激励理论重点研究激励的目的（改造、修正行为），主要包括斯金纳的强化理论和挫折理论等。

1. 强化理论

强化理论是美国心理学家和行为科学家斯金纳（Skinner）等人提出的一种理论。强化理论是以学习的强化原则为基础的关于理解和修正人的行为的一种学说。所谓强化，从其最基本的形式来讲，指的是对一种行为的肯定或否定的后果（报酬或惩罚），它至少在一定程度上会决定这种行为在今后是否会重复发生。

根据强化的性质和目的，可把强化分为正强化和负强化。在管理上，正强化就是奖励那些组织上需要的行为，从而加强这种行为；负强化就是惩罚那些与组织不相容的行为，从而削弱这种行为。正强化的方法包括奖金、对成绩的认可、表扬、改善工作环境和人际关系、提升、安排担任挑战性的工作、给予学习和成长的机会等。负强化的方法包括批评、处分、降级等，有时不给予奖励或少给奖励也是一种负强化。

2. 挫折理论

挫折理论是关于个人的目标行为受到阻碍后，如何解决问题并调动积极性的激励理论。挫折是一种个人主观的感受，同一遭遇，有人可能陷入强烈的挫折中而另外的人不一定视为挫折。

二、学派理论

激励理论是关于如何满足人的各种需要、调动人的积极性的原则和方法的概括总结。激励的目的在于激发人的正确行为动机，调动人的积极性和创造性，以充分发挥人的智力效应，做出最大成绩。自从20世纪二三十年代以来，国外许多管理学家、心理学家和社会学家结合现代管理的实践，提出了许多激励理论。这些理论按照形成时间及所研究的侧面不同，可分为行为主义激励理论、认知派激励理论和综合型激励理论三大类。

（一）行为主义激励理论

20世纪20年代，美国风行一种"行为主义"的心理学理论，其创始人为约翰·华生（John B.Watson）。这个理论认为，管理过程的实质是激励，通过激励手段，诱发人的行为。在"刺激—反应"这种理论的指导下，激励者的任务就是去选择一套适当的刺激，即激励手段，以引起被激励者相应的反应标准和定型的活动。

斯金纳在后来又提出了操作性条件反射理论。这个理论认为，激励人的主要手段不能仅仅靠刺激变量，还要考虑到中间变量，即人的主观因素的存在。具体来说，在激励手段中除了考虑金钱这一刺激因素外，还要考虑到劳动者的主观因素的需要。根据新行为主义理论，激励手段的内容应从社会心理观点出发，深入分析人们的物质需要和精神需要，并使个体需要的满足与组织目标的实现一致化。

新行为主义理论强调，人们的行为不仅取决于感知的刺激，而且取决于行为的结果。当行为的结果有利于个人时，这种行为就会重复出现而起到强化激励作用。如果行为的结果对个人不利，这一行为就会削弱或消失。所以在教育中运用肯定、表扬、奖赏或否定、批评、惩罚等强化手段，可以对学习者的行为进行定向控制或改变，以引导到预期的最佳状态。

（二）认知派激励理论

把行为简单地看成人的神经系统对客观刺激的机械反应，这不符合人的心理活动的客观规律性。对于人的行为的发生和发展，要充分考虑到人的内在因素，诸如思想意识、兴趣、价值和需要等。因此，这些理论都着重研究人的需要的内容和结构，以及如何推动人们的行为。

认知派激励理论强调，激励的目的是要把消极行为转化为积极行为，以达到组织的预定目标，取得更好的效益。因此，在激励过程中还应该重点研究如何改造和转化人的行为。该理论认为，人的行为是外部环境刺激和内部思想认识相互作用的结果。所以，只有改变外部环境刺激与改变内部思想认识相结合，才能达到改变人的行为的目的。

（三）综合型激励理论

行为主义激励理论强调外在激励的重要性，而认知派激励理论强调的是内在激励的重要性。综合型激励理论则是这两类理论的综合、概括和发展，它为解决调动人的积极性问题指出了更为有效的途径。

心理学家库尔特·勒温（Kurt Lewin）提出的"场动力理论"是最早期的综合型激励理论。这个理论强调，对于人的行为发展来说，先是个人与环境相互作用的结果。外界环境的刺激实际上只是一种导火线，而人的需要是一种内部的驱动力，人的行为方向决定于内部系统的需要的强度与外部引线之间的相互关系。如果内部需要不强烈，那么再强的引线也没有多大的意义。

波特（Porter）和劳勒（Lawler）于1968年提出了新的综合型激励模式，将行为主义的外在激励和认知派的内在激励综合起来。在这个模式中含有努力、绩效、个体品质和能力、个体知觉、内部激励、外部激励和满足等变量。

在这个模式中，波特与劳勒把激励过程看成外部刺激、个体内部条件、行为表现、行为结果相互作用的统一过程。一般人都认为，有了满足才有绩效。而他们强调，先有绩效才能获得满足，奖励是以绩效为前提的，人们对绩效与奖励的满足程度反过来又影响以后的激励价值。人们对某一作业的努力程度，是由完成该作业时所获得的激励价值和个人感

基础理论篇

到做出努力后可能获得奖励的期望概率所决定的。很显然，对个体的激励价值愈高，其期望概率愈高，则他完成作业的努力程度也愈大。同时，人们活动的结果既依赖于个人的努力程度，也依赖于个体的品质、能力以及个体对自己工作作用的知觉。

波特和劳勒的激励模式还进一步分析了个人对工作的满足与活动结果的相互关系。他们指出，对工作的满足依赖于所获得的激励同期望结果的一致性。如果激励等于或者大于期望所获得的结果，那么个体便会感到满足。如果激励和劳动结果之间的联系减弱，那么人们就会丧失信心。

人力资源开发篇

第三章　人力资源规划

第一节　人力资源规划概述

一、人力资源规划的概念及类型

人力资源规划是指组织为实现其发展战略及总体规划，完成组织的生产经营目标，根据组织内外环境和条件的变化，运用科学的方法对组织的人力资源的需求和供给进行预测，并根据预测结果制定相应的政策及措施，从而使组织的人力资源的需求和供给达到平衡的过程。

人力资源规划包括总体人力资源规划和业务层面的人力资源规划两大类。

总体人力资源规划是根据组织目标形成的长期规划，其时间跨度一般为5年或5年以上，是在对组织内外部环境的分析的基础上，针对未来组织对人力资源的需求以及人力资源的供给进行预测，以保持人力资源的需求与供给的动态平衡。

业务层面的人力资源规划是相对短期的规划，其时间跨度一般为一年左右，是一系列操作性的规划，包括人力资源的晋升规划、补充规划、素质提升规划、退休解聘规划等方面。

二、人力资源规划的具体内容

人力资源规划的内容具体体现在晋升规划、人员补充规划、素质提升规划、退休解聘规划等方面，具体论述如下：

（一）晋升规划

晋升规划实质上就是根据组织的人员分布状况和结构，拟定出来的人员的晋升政策。从员工角度来说，合理的晋升规划不仅表示着薪酬以及福利的进一步增加，还关系到员工所能获得的社会认可以及自我实现需要的满足。对组织来说，在恰当的时间对有能力的人员进行晋升，以满足某一职位对于人力资源的需要，是组织的一种重要职能。晋升规划一般由晋升比率、平均年资、晋升时间等指标来表达，调整各种指标会使晋升规划发生改变，对员工的心理产生不同程度的影响，通过规划形成一个合理的晋升规划能在很大程度提高组织内员工工作效率，也可以吸引外部优秀的人力资源。

（二）人员补充规划

人员补充规划指组织为了能够合理、适时、有针对性地补充组织内可能出现的职位的空缺而拟定人员补充政策。在劳动力市场供给不平衡的背景下，人员补充规划对组织的稳定发展具有重大意义。组织可以通过人员补充规划对组织内不合理的人力资源结构进行调整。但是这种调整必须和其他规划配合使用才能最大限度发挥其作用。在人员补充规划中，人员有两种补充来源：一是社会人力资源市场，即来自外部的补充；二是来自组织内部的补充，而这一来源和晋升规划密切联系，因为晋升就是补充源在组织内部的人员补充。晋升即组织内低层级职位向高层级职位的补充运动，晋升补充会引发组织内较低层级职位的空缺，最终使得组织在较低层级的职位上产生需求。此时，就需要来自外部的人员补充——人员招聘与录用。在进行低层次的人员招聘和录用时，还应考虑到录用人员今后的晋升问题，即外部补充后的人员将变为新的内部补充的人员。在此过程中，又使得人员补充规划与员工素质提升规划产生密切的联系。

（三）素质提升规划

为了解决组织在中、长期发展中所产生的人才需求而提前进行人才准备和培养的工作。组织根据对员工的分析筛选，发掘出有发展潜力的员工，并针对其制订具体的素质提升规划，根据何时出现何种职位的空缺，分阶段有目的地培养他们，当职位空缺时，人员就已经培养好了。同时，员工也会根据自己的职业规划自发地去培养和发展自己的素质。

（四）退休解聘规划

退休解聘规划是为组织建立起淘汰内部人员的合理的退出机制。现在很多组织内的人力资源已经充分市场化，但是一些组织内部依然会存在大量的冗余人员。造成这种现象的一个重要原因就是组织的晋升规划为内部人员提供了组织内部向上发展的通道，但与此同时，在一些内部人员不再符合组织发展需要时，又没有合理的退出机制。为了解决这一问题，就需要构建合理的人员退出机制。

晋升规划、人员补充规划、素质提升规划和退休解聘规划是相辅相成的，在人力规划中需要配合起来使用才能更好地帮助组织满足人力资源的需求。此外，根据组织的特殊情况或需求还可以制订其他的具体人力资源规划。

三、人力资源规划的主要作用

人力资源规划是人力资源管理的重要职能，对于组织的战略目标的制定以及组织今后的发展有着重要的影响作用。

第一，通过人力资源战略规划职能实现组织战略与人力资源的有效连接，使人力资源规划成为组织实现其战略目标的重要工具。在组织的人力资源管理活动中，人力资源规划能够不断调整人力资源管理的政策和具体措施，进而指导人力资源管理活动的有效进行。因此，人力资源规划是人力资源管理各职能相联系的纽带，将所有的人力资源活动联系在了一起。工作分析是进行人力资源规划的必要前提，而人力资源规划又是对组织人力资源的招聘、薪酬管理、人力资源的晋升等进行的具体规划。

第二，通过有效的人力资源规划，使人力资源管理具有前瞻性和目的性，基于组织战略预先进行有针对性的人才储备，以满足组织未来成长和发展的要求。随着当前市场竞争的日益激烈，组织变革和工作内容的日益复杂，同时，人力资源机构也不断变化，使得组织必须依靠人力资源规划来解决其面临的人力资源问题。

第三，人力资源规划能够有效预测组织的人力供需情况，可以根据预测合理地调整安排人员结构，节约人力成本。日益发展的市场愈加复杂，组织对于人力的供需情况也逐步变化，只有对组织的人力供需进行精准的预测，才能够根据组织发展来形成对具体职位的人员需求，合理安排空缺职位的人员补充，并为不适合继续在组织任职的人员提供一个合理的退出机制，进而达到组织内人力资源优化配置。

第四，组织有了科学的人力资源规划，才能够将员工个人的职业生涯发展目标与组织的发展目标紧密地结合在一起，引导员工对其职业生涯进行规划，使员工清晰地看到自己在组织中的发展前景，并努力实现自己的目标，这对调动员工的积极性非常有益。员工素质的不断提升为组织储备高层级人才提供了基础，为组织的进一步发展提供了有力的人员支持。

第二节　人力资源规划的制订

人力资源规划的流程即人力资源规划的过程，一般可分为以下几个步骤：

一、有关信息资料的收集

人力资源规划的信息包括组织内部信息和组织外部环境信息。

组织内部信息主要包括企业的战略计划、战术计划、行动方案、本企业各部门的计划、人力资源现状等。

组织外部环境信息主要包括宏观经济形势和行业经济形势、技术的发展情况、行业的竞争性、劳动力市场、人口和社会发展趋势、政府的有关政策等。

二、人力资源需求预测

人力资源需求预测包括短期预测和长期预测，总量预测和各个岗位需求预测。

人力资源需求预测的典型步骤如下：

步骤一，现实人力资源需求预测，即根据现阶段生产需要对当前各类人力资源需求的预测，以实现现阶段组织目标。

步骤二，未来人力资源需求预测。组织未来的发展方向与目标，要求企业对未来的人力资源需求进行预测与储备，以实现组织的持续快速发展。

步骤三，未来人力资源流失情况预测。在进行人力资源需求预测的同时，也要对人力资源流失情况进行预测，这样才能更准确地预测人力资源需求状况，保证生产。

步骤四，得出人力资源需求预测结果。通过对人力资源需求的预测得出最终结果，通过对结果的分析，做出人力资源管理的决策，这样才能有效利用人力资源，做到人尽其才，使人力资源得到有效配置，以实现企业的快速发展。

三、人力资源供给预测

人力资源供给预测包括组织内部供给预测和外部供给预测。

人力资源供给预测的典型步骤如下：

步骤一，内部人力资源供给预测。组织内部人力资源对组织发展所需要的各种技术、力量可提供的情况的预测。这样可以有效利用内部人力资源，减少人力资源招聘、培训成本，使人力资源得到最大化利用，减少人力资源浪费。

步骤二，外部人力资源供给预测。对外部人力资源进行有效预测，有利于企业及时采取有效措施，保障组织生产发展。

步骤三，将组织内部人力资源供给预测数据和组织外部人力资源供给预测数据汇总，得出组织人力资源供给总体数据。

四、人力资源净需求的确定

在对员工未来的需求与供给预测数据的基础上，将本组织人力资源需求的预测数与在同期内组织本身可供给的人力资源预测数进行对比分析，从比较分析中可测算出各类人员的净需求数。这里所说的"净需求"既包括人员数量，又包括人员的质量、结构，即既要确定"需要多少人"，又要确定"需要什么人"，数量和质量要对应起来。这样就可以有针对性地进行招聘或培训，为组织制定人力资源的政策和措施提供依据。

五、编制人力资源规划

根据组织战略目标及本组织员工的净需求量，编制人力资源规划，包括总体规划和各项业务计划。同时要注意总体规划和各项业务计划之间的衔接和平衡，提出调整供给和需求的具体政策和措施。一个典型的人力资源规划应包括：时间段、目标、情景分析、具体内容、制订者、制订时间。

第一，时间段。确定规划时间的长短，要具体列出从何时开始，到何时结束。若是长期的人力资源规划，可以长达5年以上；若是短期的人力资源规划，如年度人力资源规划，则为1年。

第二，目标。确定达到的目标要与组织的目标紧密联系起来，最好有具体的数据，同时要简明扼要。

第三，情景分析。目前情景分析：主要是在收集信息的基础上，分析组织目前人力资源的供需状况，进一步指出制订该计划的依据。未来情景分析：在收集信息的基础上，在计划的时间段内，预测组织未来的人力资源供需状况，进一步指出制订该计划的依据。

第四，具体内容。这是人力资源规划的核心部分，主要包括：项目内容、执行时间、负责人、检查人、检查日期、预算。

第五，制订者。规划制订者可以是一个人，也可以是一个部门。

第六，制订时间。主要指该规划正式确定的日期。

六、人力资源规划的实施与评估

（一）人力资源规划的实施

人力资源规划的实施是人力资源规划的实际操作过程，要注意协调好各部门、各环节之间的关系，在实施过程中需要注意以下几点：

第一，必须有专人负责既定方案的实施，要赋予负责人拥有保证人力资源规划方案实现的权利和资源。

第二，要确保不折不扣地按规划执行。在执行过程中要注意：执行前做好充分准备工作；严格按照计划执行；保证全力以赴。

第三，在过程中要检查。这是必不可少的一步，如果忽略就会使人力资源具体业务流于形式，缺少实施的必要压力。检查最好由实施者的上级进行，避免实施者本人或下级进行。

第四，实施时要进行反馈。要保证反馈的真实性，以便进行人力资源规划的修正。反

人力资源开发篇

馈可以由实施者进行，也可以由检查者进行，也可以两者同时进行。

第五，要有关于实施进展状况的定期报告，以确保规划能够与环境、组织的目标保持一致。

第六，对人力资源规划进行修正。企业所处的内外环境不是一成不变的，另外，规划的制订也不可能完全正确。因此，要根据反馈的信息，及时对原计划进行修正。

（二）人力资源规划评估

在实施人力资源规划的同时，要进行定期与不定期的评估。从如下三方面进行：

第一，是否忠实执行了本规划。这是对人力资源规划进行有效评估的前提，必须要求组织忠实执行其规划，否则，没有执行便也无法评估。

第二，人力资源规划本身是否合理。人力资源实际招聘数量与预测的人力资源净需求量相比较，实际的劳动生产率与建立的目标相比较。人员流动率的实际水平与预测值相比较，人力资源规划的实施结果与预期目标相比较。实际执行方案与规划方案相比较。规划实施的实际成本与预算相比较。人力资源规划的成本与收益相比较。对比项目差距越小，表明人力资源规划越合理，越有利于组织目标实现。

第三，将实施的结果与人力资源规划进行比较，通过发现规划与现实之间的差距来指导以后的人力资源规划活动。

七、人力资源规划的反馈与修正

对人力资源规划实施后的反馈与修正是人力资源规划过程中不可缺少的步骤。评估结果出来后，应进行及时的反馈，进而对原规划的内容进行适时的修正，使其更符合实际，更好地促进组织目标的实现。

第三节　人力资源供需预测

一、人力资源需求预测的方法

人力资源需求预测是根据组织的战略发展的要求，对将来一定时期组织所需员工的数量和质量进行预测，从而确定人员补充方案和实施教育培训进而提升人员素质的方案。人力资源需求预测是组织制订人力资源规划的关键和前提条件。预测的基础是组织的发展规划和组织年度预算。对人力资源需求预测要动态地来看，因为预测期内劳动生产率的提高、工作方法的革新及机械化、自动化水平的大幅提高等都是可变化因素。人力资源需求预测主要有如下方法：

（一）定性分析法

1.经验预测法

根据过去经验主观地将未来活动水平转化为可能的人力需求的预测方法，即根据组织可能的业务发展形态去估算保证组织良好运转的劳动力的相应增量。经验预测法认为：人力资源的需求与组织某些因素的变化之间存在着某种关系。但是此预测方法完全依赖管理者的个人经验和判断力，所以，预测结果的准确性难以保证，通常只能用于短期预测。

2.微观集成法

微观集成法可以分为"自上而下"和"自下而上"两种预测方式。

（1）"自上而下"是指由组织的高层管理者先拟定组织的总体用人目标和规划，然后逐级下达到各具体部门，通过开展讨论对其进行修改，然后将形成的意见结果汇总至高层管理者，由高层管理者据此对总的预测和计划进行修正后形成正式的目标和规划。

（2）"自下而上"是根据组织中的各个部门对本部门将来某时期内对各种人员的需求量的预测，然后由人力资源部进行纵向和横向的汇总，最后根据组织发展战略和目标形成总体的预测方案。此预测法适用于短期内对生产相对稳定的组织进行预测。

3.岗位分析法

岗位分析法是根据具体岗位的工作内容和职责，在假设岗位工作人员是完全适岗的前提下，确定其工作量，最后得出人数。岗位分析法的关键是要制定出科学的岗位用人标准，也就是岗位说明书。当组织结构较为简单、职责明确的时候，可以用此方法来进行预测。

4.德尔菲法

德尔菲法（Delphi Method）是通过综合各位专家的意见来预测组织某一领域的发展趋势，比较适合于对人力资源需求进行长期预测。这一方法概括来讲就是对所要预测的问题征得专家的意见之后，进行整理、归纳、统计，再匿名反馈给各专家，再次征求意见，再集中，再反馈，直至得到一致的意见。

德尔菲法有三个特性：匿名性、反馈性、统计性。匿名性指在采用该方法时专家组的各位专家对其他专家的情况均不知晓，可以保证其结果的客观性。反馈性是指整个方法的进行过程中有3至4轮的信息反馈，这些信息反馈使得专家们对问题的认识和研究更加深入。统计性是指其结果把每种专家观点都包括在统计中，避免了结果只反映多数人观点。

在德尔菲法进行的过程中始终都有两个主体：组织者和专家。具体流程如下：

第一阶段：明确预测主题和预测目的，准备背景材料，设计调查咨询表；

第二阶段：该阶段对专家的意见进行轮番的征询，初次征询依据预测主题目标对专家进行征询，对初次征询结果进行归纳分析形成预测事件一览表并作为第二轮征询的调查表发给专家。此后，专家通过上一轮征询的统计结果进行下一轮征询，并阐述理由。一般经过四轮征询专家的意见基本趋于一致。

第三阶段：运用统计学方法对专家征询结果进行处理分析。

德尔菲法的特点是以匿名问卷的方式征求专家的意见，首先，保证预测的专业性；其次，该法所形成的结果是各位专家集思广益，具有很强的代表性。但是，该预测法是比较费时的一种方法。

（二）定量分析法

1. 回归分析法

回归分析（Regression Analysis）是根据数理统计学的回归原理对人力资源需求进行预测的一种方法。人力资源的需求通常总是与一种或某些因素具有确定的相关关系，因此，就可以运用数理统计的方法定量地把这种关系表示出来，从而用回归方程去预测组织中人力资源的需求量。回归分析的关键在于找出与人力资源需求密切相关的变量，而且对这些变量的历史数据分析要全面。

例如，根据某公司的历史数据，发现该公司年销售额与员工总数的相关系数非常高，就可以用年销售额作为自变量，求出以人员总数为因变量的回归方程。加之公司有详细明确的发展规划，规划中有清晰的销售额计划，将这些指标代入方程，就可以求出对应的员工总数。所以，公司未来的人力资源需求就是其未来年销售额所对应的员工总数。

人力资源需求预测的统计分析方法是基于人力资源的需求量和商业要素之间的关系，是不随时间的变化而变化的常量的假设。但是，如果这种关系产生了巨大的变化，用统计分析方法进行人力资源需求预测的准确性就会受到严重影响。

2. 趋势分析法

趋势分析法（Trend Analysis）是通过分析组织在过去一定时期内的人员需求情况来推测未来人力资源需求的预测方法。例如，管理者可以计算过去3年来企业每年年终的员工人数，或者每个部门（如市场部、人力资源部、研究与开发部等）或每个职位（如销售人员、生产人员、行政管理人员等）过去3年来年终员工的人数，然后去分析其中哪些趋势将会继续发展下去，进而推算出下一步对组织的人力资源需求。如果对组织未来的人力资源需求进行简单的初步预测，趋势分析是很有参考价值的。但组织的人力资源需求绝不是仅仅取决于过去的情况，其还受到其他因素如劳动生产率的变化、机械化程度等条件的制约，因此，趋势分析有一定的局限性。

3.比率分析法

比率分析法（Ratio Analysis）是通过计算具体的商业因素和组织所需人员数量之间的准确比率来推算未来人力资源需求的方法。比率分析得到的估值比趋势分析更为准确。例如，快递员的需求量就可以根据邮件的数量来推导。假定快递员和邮件两个变量之间的比是1：300，那么每300个邮件就需要配备一个快递员去派送。

在组织中，有些不同类型的员工之间的比率存在一定的稳定性，因此，在进行人力资源需求预测时，比率分析是一种不错的预测方法。需要注意的是，组织在使用比率分析对人力资源需求进行预测的前提是，组织此时的人员配备是在一个合理有效的范围内，并且是基于劳动生产率不变的条件下进行的。

二、人力资源供给预测的方法

人力资源供给预测分为组织内部人力资源供给预测和组织外部人力资源供给预测。组织外部人力资源供给受到多种宏观因素的影响，例如，国家的政策法规、同行的竞争、地理位置等，不容易做到精准预测。组织内部人力资源供给是组织人力资源供给的重要来源。影响组织内部人力资源供给的因素包括：组织员工的自然流失（伤残、退休、死亡等）、内部流动（晋升、降职、岗位轮换等）、员工离职等。

组织内部人力资源供给预测的方法主要包括以下几种：

（一）技能清单

技能清单是指在对组织未来需要多少及需要什么样的员工进行预测之前，必须对组织内部已有的人力资源和他们的技能状况进行清点盘查。技能清单就是用来反映员工的工作能力特征的列表，这些特征包括教育背景、工作经验、所获证书、接受的培训，拥有的知识、技能和能力等。

员工技能清单有助于组织全盘掌握员工的工作能力和技能信息，一旦组织内部出现职位空缺，组织可以在短时间内找到具备某种专业能力及专业经验的员工，迅速填补职位空缺，进而维持组织的正常运营。这种方法适用于短期的人力资源供给预测。

（二）管理者接续计划

在对组织内部管理职位人员供给进行预测时，一个直接有效的方法就是对组织内部各个层次的职位和各类人员制订继任计划，当出现职位空缺的时候，继任者就可以迅速补上，这就是管理者接续计划。

组织要编制管理者接续计划，首先要根据工作分析确定某一职位的具体任职资格和要求，在低一级职位上的现职人员中寻找有潜力被晋升的人员；然后，对该职务可能的人员流入量和流出量进行预测，可能的流入量主要涉及可提升的现有员工和从组织外部招聘进来的新员工，可能的流出量包括员工的提升、退休、解聘等；最后，用该职务的现职人员数减去可能的流出量，再加上可能的流入量，就可以得出该职务的内部人力资源供给量。

（三）马尔可夫分析法

马尔可夫分析法又被称为马尔可夫转移矩阵法，是适用于人员流动比例相对稳定情况下的供给预测方法，是根据过去人事变动的规律来推测未来的人事变动趋势的供给预测方法。它根据企业以往各类人员之间流动比率的概率来推断未来各类人员数量的分布。该方法的前提是：企业内部人员的转移是有规律的，且其转移率有一定的规律。马尔可夫法的关键就是确定转移率。

（四）人力资源信息系统

人力资源信息系统是组织进行有关人及人的工作方面的信息收集、保存、分析和报告的过程，是计算机用于企业人力管理的产物，它是通过计算机建立的、记录企业每个员工技能和表现的功能模拟信息库。组织人力资源信息系统不仅能够为人力资源规划决策提供信息，而且能够为组织发展战略提供人力资源数据、为人力资源管理的决策提供及时有效的信息支持。

人力资源信息系统内容包括：组织发展战略、经营目标和经营策略的信息；组织外部人力资源供求信息；组织内部人力资源信息，包括员工的人口统计特征、产品知识、工作经验、工作绩效、职业兴趣等；内部信息还包括组织人力资源的整体状况，如人力资源数量和结构等。

三、人力资源供需平衡

组织进行人力资源规划的目的就是在人力资源供给与需求预测的基础上进行的人力资源供给与需求的平衡分析。人力资源供给与需求之间的关系一般会出现四种结果：人力资源供给与需求在数量、质量以及结构方面基本平衡；人力资源供给与需求在总量上平衡，但在结构上不匹配；人力资源供给大于需求；人力资源供给小于需求。在组织中人力资源供给和需求完全平衡的可能性是非常小的，即使人力资源供给和需求在总量上能够达到平衡，往往也会在层次和结构上出现不平衡。因此，组织中的人力资源供给与需求的不平衡是一种必然存在的现象。组织可以通过一些措施去解决人力资源供给与需求的不平衡问题，使得人力资源的供需趋于平衡。

人力资源供给和需求的结构性不平衡，是组织人力资源供给与需求关系中一种较为普遍的情况，在组织的稳定发展状态中表现得更加突出。从组织本身而言，解决人力资源供给和需求的结构性不平衡，可以采取如下措施：重新配置组织内部人员，包括晋升、调动、降职等，以此弥补出现空缺的职位，满足空缺职位对人力资源的需求；对人力资源进行有前瞻性和战略性的专门培训，使他们能够从事可能空缺职位的工作；进行人员的置换，为组织不需要的人员制定一个合理的退出机制，补充组织需要的人员，进而达到调整组织内部人力资源结构的目的。

当预测的人力资源供给大于需求时，组织可以采取如下措施：

组织扩大经营规模，开拓新的业务，以增加组织的人力资源需求，例如，组织可以通过开辟新业务去吸纳过多的人力资源供给，达到新的平衡；设定合理的人员解聘机制，打开下行通道，将组织不需要的人从组织内排除，这种方法较为直接，但是可能会给社会带来不安定因素；鼓励员工提前退休，让那些接近退休年龄的员工提前离开组织；停止外部招聘，通过组织的自然减员来消化多余的供给；对冗余员工实施教育培训，提升其素质，将其作为其他职位的人力资源储备。

人力资源供给小于需求的情况主要出现在组织的规模扩张时期或者开拓新业务的时期，因为这个时期对人员的需求往往会猛增。补充的途径有：外部招聘、内部晋升、人员接续计划、培训计划等。在组织需要大量补充人员阶段，可以适时地调整人力资源的结构，因为此时是最容易调整人力资源结构的时期。组织稳定发展时出现大规模的人力资源需求，可能是人员大量流失造成的，对于这一情况，管理者要予以重视。

第四节　人力资源规划的落实

人力资源规划的目的，是要通过搞好人力资源的开发和利用来满足组织的需求。在完成了人力资源的需求与供给预测后，就可以根据供求关系来估算组织的人力资源基本态势，从而决定人力资源的调节数量了。从总体上看，组织的人力资源调节可以分为人力资源短缺的解决方法和人力资源过剩的处理方法两类。在人力资源过剩的情况下，还可以采取不辞退、不解雇的积极方法。

一、解决人力资源短缺的措施

在人力资源数量短缺的情况下，组织可以从三方面提高生产能力：一是增加工作设备或改进工作设备，对人力资源实现替代；二是通过各种方式提高现有人力资源的工作能力；

三是增加人力资源投入。显然，后两方面是应当采取的，其主要方法如下：①培训企业职工，对受过培训的员工根据情况择优提升补缺，并相应提高其工资等待遇；②进行平行性岗位调动，适当进行岗位培训；③延长员工工作时间或增加工作负荷，给予超时或超工作负荷的奖励；④重新设计工作以提高员工的工作效率；⑤雇用全日制临时工或非全日制临时工；⑥改进技术或进行超前生产；⑦制定招聘政策，向企业外进行招聘；⑧采用正确的政策和措施调动现有员工的积极性。

二、人力资源过剩的处理

人力资源过剩指由于技术进步、业务量减少或企业重组等，从而导致企业中劳动力的供给大于需求，出现部分劳动力闲置的状态。人员压缩和新职介绍服务是解决这一问题的有效途径。

（一）人员压缩

1. 自然减员和雇用冻结

当那些辞职、死亡和退休的人员未被新的员工接替时，就产生了自然减员。这种减员方法使得无人被解雇，但剩下的员工却须在人员减少的情况下承担同样的工作负荷。不过，除非人员流动通常较大，否则自然减员对减少员工数量的作用通常比较有限。因此，企业往往采取其他方法减员。

2. 提前退休（赎买）

提前退休（赎买）是企业促使年龄较大的员工早些离开企业的一种手段。企业给予这类员工额外的报酬使他们在养老金和社会保险生效之前，不致在经济上损失太大。这种自愿性终止就业措施，或者说赎买，是用金钱上的刺激来引导员工。企业和员工都普遍认为，在企业不欲或难以采取暂时解雇和正式裁员的情况下，赎买方法不失为压缩企业人员的有效措施之一。

3. 暂时解雇

暂时解雇指企业使部分员工处于没有报酬的离职下岗状态，如果企业的经营有了改善，员工就可以重新回企业工作。当企业暂时处于不景气状态时，暂时解雇不失为一个适当的减员策略。不过，对减员解雇也必须进行细致的规划。在这方面，经理人员必须考虑下列问题：①如何确定谁应当被暂时解雇（依据资历、工作表现还是其他）？②如果不需要同时将下岗的员工全部召回时，企业应怎样确定召回方案？③是否为暂时被解雇的员工提供某些福利？④如果被暂时解雇的员工接受了其他工作，是否意味着他们自动放弃了重返企业的权利？

（二）提供新职介绍服务

新职介绍服务是企业为解雇员工提供支持和帮助的一系列服务。这些服务主要提供给那些因工厂关闭或部门撤销而失去工作的员工。新职介绍服务通常包括有针对性的职业咨询、简历的准备和打印服务、面试安排、介绍和推荐等。

第四章　工作分析与岗位设计

第一节　工作分析概述

工作分析是现代人力资源管理工作的基础和前提。工作分析是运用科学、系统的方法，明确某项特定工作岗位的内容以及任职者需要掌握的知识、技能等任职资格和条件的过程。简单地说，工作分析其实就是"某一岗位应该做什么"和"什么样的人来做合适"的问题。

一、工作分析及相关术语

（一）工作分析的含义

工作分析是指系统、全面地确认工作整体，以便为管理活动提供各种有关工作方面的信息所进行的一系列工作信息收集、分析和综合的过程。工作分析是人力资源管理工作的基础，其分析质量对其他人力资源管理模块具有举足轻重的影响。

通过对工作输入、工作转换过程、工作输出、工作的关联特征、工作资源、工作环境背景等的分析，形成工作分析的结果——职务规范（也称作"工作说明书"）。

职务规范包括工作识别信息、工作概要、工作职责和责任，以及任职资格的标准信息，为其他人力资源管理职能的使用提供方便。

（二）工作分析的相关术语

在工作分析中，会涉及一些常用术语，但这些术语又常被人们混淆，因此，掌握和了解这些术语对工作分析是十分必要的。

工作要素是指工作中不能继续再分解的最小动作单位。如饭店的迎宾服务工作要素为开门、请客人进来。

工作任务是指工作中为了达到某种目的而进行的一系列活动，它可以由一个或多个工作要素组成。如工人给产品贴标签这一任务只有一个工作要素，而工作要素中提到的迎宾员，其工作任务是迎接客人。

工作要项就是组织为达到目标必须完成的若干任务的组合。一项工作可能需要一个人完成，也可能需要若干人完成。

职责是指任职者为实现一定的组织职能或完成工作使命而进行的一个或一系列的工作。

职位也叫岗位，是指担负一项或多项责任的任职者所对应的位置。一般情况下，有多少个职位就有多少个任职者。应该注意的是职位是以事为中心而确定的，它强调的是人所担任的岗位，而不是担任这个岗位的人。职位是确定的，而职位的任职者是可以更换的。

职务是由一组主要责任相似的职位组成的，也称为工作。在不同的组织中根据不同的工作性质，一种职务可以有一个或多个职位。一般情况，职务与职位是不加以区别的。但是，职务与职位在内涵上是不同的，职位意味着要承担任务和责任，它是人与事的有机结合体；而职务是指同类职位的集合体，是职位的统称。如行政管理部门的处级干部，职务都是处级干部，但是，职位却相当多。职位又称为编制。所以职位的数量是有限的。一个人担当的职务不是终身制，但对这一职务他可以是专任也可以是兼任，可以是常设，也可以是临时的，所以职务是经常变化的。但是职位不随人员的变动而变动，它是相对稳定的。职位可以进行分类，而职务一般不进行分类。

职位分类是指将所有的工作岗位（职位），按其业务性质分为若干职系、职组（横向），然后按责任大小、工作的难易程度和技术高低又分为若干个职级、职业等。对每一职位给予准确的定义和描述，制成职务说明书，以此作为对聘用人员管理的依据。①职系。职系是指一些工作性质相同，而责任轻重和困难程度不同的工作。②职组。职组是指工作性质相近的若干职系的总和。③职级。职级是分类结构中最重要的概念，是指将工作内容、难易程度、责任大小、所需资格皆很相似的职位划为同一职级，实行同样的薪酬制度。④职业。职业是一个更广泛的概念，它是指在不同的组织中从事相似活动的一系列职务。职业的概念有较大的时间跨度，处在不同时期，从事相似工作活动的人都可以被认为具有相同的职业。例如，教师、工程师、工人、服务员等都属于职业。

职权是指依法赋予的完成特定任务所需要的权力。职责与职权紧密相关。特定的职责要赋予特定的职权，甚至特定的职责等同于特定的职权。如企业的安全检查员对企业的安全检查，这既是他的职责又是他的职权。

二、工作分析的内容

只有明确工作分析的内容，才能按照科学的原则，进行系统的工作分析，并形成工作分析的相关文件，为人力资源管理中的其他工作提供依据。

一般来说，工作分析应当包括对以下六方面信息的分析：

工作名称分析：工作名称是指要确定分析的是什么岗位，根据工作性质和其在组织中的位置，确定工作名称、所属部门名称、职位等级、工作代号等工作特征，并进行恰当的表述，以便对各种工作进行识别、登记、分类。

工作过程分析：工作过程分析是指企业中的成员为了完成某一特定任务需要做的一系列相关工作。清晰的工作流程有助于管理者和员工清楚地认识到工作是如何完成的。

工作责权分析：工作责权分析包括工作任务、工作责任的重要程度、工作负荷、设备和材料的运用、核查是否具备完成工作所需的权限、监督管理和被监督管理是否实现责权对等的原则。

工作关系分析：在组织中每一个岗位必然与其他岗位有着紧密的联系，工作关系分析主要是指分析岗位的直属上级、下属，如何协作以及可升迁和调换的岗位等。

工作环境分析：工作环境分析指劳动者工作的条件和环境，主要包括物理环境（温度、湿度、噪声、粉尘等）、安全环境（工作环境的危险性、职业病、卫生条件等）、社会环境（工作所在地的生活环境、人际关系等）。

任职资格分析：任职资格分析是对任职者所必须具备的知识、经验、技能、素质、心理及生理因素的分析。在此基础上，企业可以根据员工特点将其安排到最适合的工作岗位上，达到人尽其才的目的。

三、工作分析的原则

进行工作分析，必须遵守如下原则：

一是系统性原则。任何组织或单位都是一个相对独立的系统，它们之间是相互联系、相互影响的，因此，在对某一工作进行分析时，要注意该工作与其他工作的关系以及该工作在整个组织中所处的地位，从总体上把握该工作的特征及对人员的要求。

二是动态性原则。工作分析的结果是工作说明书，但工作说明书不是一成不变的，当企业面临重大调整、新的管理理念和新技术的引进时，都要根据组织的战略意图、内外部环境的变化、业务的调整，经常性地对工作分析的结果进行调整。工作分析是企业人力资源部门一项常规性的工作，需要定期地修订和完善。

三是目的性原则。目的不同，工作分析的重点就不同。如果工作分析是为了明确工作职责，分析的重点就应侧重于工作范围、工作职能、工作任务的划分；如果工作分析的目的在于选聘人才，那么工作分析的重点在于任职资格界定；如果工作分析的目的在于确定薪酬的标准，重点就在于对工作责任、工作量、工作环境、工作条件的界定等。

四是经济性原则。工作分析的内容细致繁多，从确定工作分析的目的，制订计划，到最后形成工作说明书，是一个长期的过程，因此，应当本着经济性的原则，根据工作分析的目的采取合理的方法，以最低的成本来实现更大的效益。

五是职位性原则。工作分析的出发点是从职位出发，分析职位的内容、性质、关系、环境以及人员胜任特征，即完成这个职位工作的从业人员须具备什么样的资格与条件，而不是分析在岗的人员如何。否则，会产生社会赞许行为与防御心理等不利于工作分析结果的问题。

六是应用性原则。应用性原则是指工作分析的结果形成工作说明书后要用于公司管理的实际中去，进而指导实践，而不能仅仅作为一种文档保存起来。无论是人员招聘、选拔培训，还是考核、激励，都应当严格按工作说明书的要求来做。

四、工作分析的作用

第一，工作分析对人力资源规划的作用。人力资源规划的核心工作是人力需求与供给的预测，确定满足人力需求的方案，这些都离不开清晰的岗位层级关系和晋升、岗位转换关系，工作分析是人力资源规划的重要基础和依据。

第二，工作分析对招聘录用的作用。工作分析为招聘岗位提供了明确的学历、工作经验、专业技术水平、能力等人员方面的要求，为求职者提供了参考，也为企业提供了录用依据，提高了人事匹配的准确性，真正实现人—岗位—组织的协调发展。

第三，工作分析对培训开发的作用。通过工作分析，才能明确员工是否具备基本的知识技能，是否具备进一步开发的潜力，考察哪些人员需要培训，以此评估培训需求，制订完善的培训计划，使人员培训更具有针对性，才能指引组织的培训方向，编制出真正适合企业员工的培训课程，使培训做到有的放矢，避免资源浪费。

第四，工作分析对绩效管理的作用。工作分析为科学的绩效管理提供了基础。在绩效管理体系中，无论是绩效考核方法的选择、考核指标的设定、考核指标权重的划分、考核周期的选择还是考核主体的选择，工作分析都发挥着重要的作用，它的成果文件即工作说明书是绩效考核指标制定的重要依据，管理者可以据此设计考核指标和客观公正的绩效标准体系，使员工了解组织的期望，提高管理效率和工作质量，进而取得满意的工作绩效。

第五，工作分析对薪酬政策的作用。工作分析为薪酬管理提供相关的工作信息，通过了解各项工作的内容，工作所需要的技能、学历背景，工作的危险程度等因素确定工作相对于组织目标的价值，根据工作差别确定薪酬差别，使薪酬结构与工作相挂钩，制定适当的薪酬比率，设计公平合理的薪资政策，提高员工的公平感和工作的积极性。

第六，工作分析对职业生涯的作用。工作分析可以帮助员工明确工作权限、责任、工作关系、工作环境和胜任某些职位所需要的知识、技能，员工可以通过工作分析了解职业发展的路径与具体要求，从而确立自己的职业目标、调整自己的学习重点，提升自身职业素养，缩小自身条件与岗位要求之间的差距。

人力资源开发篇

第二节 工作分析的程序及方法

一、工作分析的一般程序

工作分析虽然是人力资源管理最为基础的工作，但同时它也是一项技术性很强、复杂而细致的工作。为了保证工作分析的科学性和合理性，一般而言，工作分析分为以下几个阶段：

（一）准备阶段

第一，建立工作分析小组。小组成员通常由分析专家构成。所谓分析专家，是指具有分析专长，并对组织结构、组织内各项工作有明确概念的人员。一旦小组成员确定之后，就分配任务，大家各司其职，保证高效地开展工作。

第二，明确工作分析的目的。有了明确的目的，才能正确确定分析的范围、对象和内容，规定分析的方式、方法，并弄清应当收集什么资料、如何去收集、用什么方法去收集，明确了工作分析的意义，才能有的放矢。

第三，明确工作分析的对象。为保证分析结果的正确性，应该选择有代表性、典型性的工作，界定工作分析的对象和样本，制订具体的工作分析的实施计划。

第四，建立良好的工作关系。为了搞好工作分析，还应做好员工的心理准备工作，建立起友好的合作关系，与员工建立良好的沟通关系，能够消除其对工作分析的戒备和误解。

（二）调查阶段

调查阶段根据工作分析的目的，收集工作分析的相关背景材料，包括工作职责、内容、程序、工作环境、工作关系、任职资格等，对岗位进行详细的调查研究。

第一，编制调查提纲和问卷。分析人员查阅以往书面资料和报告，根据实际应用的需要，编制合适的工作分析调查提纲和问卷。

第二，确定调查方法。工作分析的方法多种多样，多种方法各有优缺，要根据工作特征确定收集信息使用何种调查方法，综合使用，相互补益，尽可能多地收集数据资料。

（三）分析阶段

分析阶段主要是对有关工作特征和工作人员特征的调查结果进行归纳、整理、分类，转化成标准化的书面文字，为最终形成工作说明书做准备。

1. 整理工作信息

将调查所得资料交与工作分析小组专业人员和调查对象仔细审核、筛选，提高工作信息的可靠性和准确性。

2. 分析工作信息

分析、揭示各职位的主要成分和关键问题，总结出工作分析的必需材料和要素，然后将信息分门别类地编入工作说明书的项目内，为下一阶段做准备。

（四）总结调整阶段

本阶段是工作分析的最后阶段。主要任务是根据工作分析的初步结果，在深入分析和总结的基础上编制工作说明书，将工作说明书应用到实际中，在实践中反馈与修正，最后形成完善的岗位说明书。

第一，形成工作说明书。根据工作分析的研究数据，编制有关工作任务、职责、工作内容、工作条件、工作环境的"工作描述"和包括员工工作要求和任职条件在内的"工作规范"。使用规范简洁的语言，按照统一的编写格式，形成工作说明书。

第二，工作说明书的运用。将草拟的工作说明书应用到实际工作中，收集应用的反馈信息进行对比，对信息修改调整，不断完善工作说明书。

第三，工作说明书的反馈与调整。对工作分析进行总结，以文件形式将工作说明书和调整记录确定并归档保存，为今后的工作分析提供经验，并指导企业的绩效薪酬、招聘和培训，在实际使用的过程中，发现问题并及时反馈与修正，最终形成完善的工作说明书。

二、工作分析的代表性方法

工作分析方法有很多，下面着重介绍几种比较有代表性的工作分析方法。

（一）访谈法

访谈法是目前在国内企业中运用最广泛、最成熟、最有效的工作分析方法。访谈法是指工作分析者按事先拟定好的访谈提纲，与任职者面对面交谈，收集工作信息的方法。在这些情况下，接受过专门培训的工作分析者需要对任职者进行访谈，获得具体岗位的工作目标、工作范围和性质、工作内容和工作责任。访谈的对象可以是该职位的任职者、对工作较为熟悉的直接主管人员、与该职位工作联系比较密切的工作人员、任职者的下属。

根据访谈对象的多少，访谈可以分为个体访谈和群体访谈。个体访谈是指访谈者与访谈对象进行一对一的单独访谈，群体访谈是指将多个访谈对象集中在一起同时进行访谈。而根据工作分析访谈的结构化程度，访谈法可分为结构化访谈和非结构化访谈。结构化访谈是按照事先统一的标准，按照有一定结构的提纲进行的正式访谈。非结构化访谈是只按照一个粗线条的访谈提纲进行的非正式访谈。非结构化访谈可以根据实际情况灵活地搜集工作信息，但所搜集的信息缺乏完备性；通过结构化访谈能够搜集全面、系统的信息，但不利于被访谈者进行发散性思维。在工作分析访谈实践中，结构化访谈和非结构化访谈往往结合起来使用。

访谈法的优点是：能够对任职者的工作态度与工作动机等深层次的内容有比较详细的了解；能够迅速地搜集工作分析具体而准确的资料，适用面广；加强与员工的沟通，发现管理中的问题，完善工作系统。但是，访谈法也存在缺点。访谈法比较费时费力，成本高；访谈需要专门的技巧，需要专门训练的工作分析专业人员；访谈对象在访谈中易于夸大其承担的责任和工作的难度，信息不一定真实；任职者可能不信任工作分析人员，尤其是在一些敏感问题上，也可能怀疑其动机，从而影响所获信息的客观性；访谈的结果标准化的程度较低，不同的人对问题的理解不同，回答也不同，无法进行比较分析，访谈结果的推广受限制。

（二）观察法

观察法是指工作分析人员借用人的感觉器官、观察仪器或计算机辅助系统进行实地观察、描述员工的实际工作活动过程，并用文字、图表或流程图等形式记录、分析和表现有关数据的方法。

观察法的优点是：观察法主要适用于周期性、重复性较强的工作，这些工作相对稳定，工作场所也应相对固定，利于观察。通过观察自然环境或工作场合中员工的工作行为，获得非言语行为信息，对于自我工作表述有障碍的任职者能够以肢体语言给予解释，从而避免信息二次加工带来的失真现象，取得的信息比较客观和正确。但观察法也有局限性：观察法主要适用于标准化的、周期短的、以体力活动为主的工作，不适用于工作循环周期长的、以智力活动为主的工作，因为并不是所有的工作都能够被观察。例如，人们不可能观察管理者如何做出决策、如何规划工作，因为这些思维活动是难以观察的，而且观察法只能了解工作过程，不能得到有关任职者资格要求的信息；观察工作过程要花大量的时间；观察获得的信息大部分以文字的形式进行描述，不利于进行统计分析；观察的样本数通常较少，而且观察所需要的时间较长，因此影响所搜集信息资料的全面性和时效性，可能存在观察者效应，通过观察获得的信息的准确性较低。

（三）问卷调查法

问卷调查法是根据工作分析的目的、内容等事先设计一套调查问卷，由被调查者填写，来收集工作分析信息的方法。作为工作分析中最常用的一种方法，搜集工作分析信息的问卷可由工作的任职者来填写，也可以由管理者填写。问卷调查法的关键是问卷设计，主要有开放式和封闭式两种形式。开放式问卷的问题是统一的，事前并不提供答案供被试选择，由被试根据自己的情况自由回答。封闭式问卷是将每个问题都事先列出几个可能的答案，由被试根据自己的情况在其中选择一个或几个答案。

问卷调查法的优点表现在：费用低，速度快，节省时间；可以采集大量数据，被调查者可以在工作之余填写，不至于影响正常工作；不限工作类型；问卷内容客观统一，调查获得的数据便于量化；调查可以匿名进行，有利于保护被试的隐私；问卷调查具有间接性，主试与被试的交互作用较小，提高了结果的客观性。问卷调查法也存在缺点：设计理想的调查问卷比较费时费力；被调查者可能不积极配合，或不认真填写，从而影响问卷调查的结果和质量；由于限定了问题，调查的灵活性不强；深入性不够，只能调查一些表面问题，对复杂问题难以进行深入探索。具体来说，常用的有职位分析问卷法和管理职位描述问卷法。

1. 职位分析问卷法

职位分析问卷法（The Position Analysis Questionnaires，简称 PAQ）是由美国普渡（Purdue）大学的麦考密克（E.J. McCormick）、詹纳雷特（P. R. Jeanneret）和米查姆（R. C. Mecham）在1972年设计开发的一种适用性很强的量化工作分析方法。目的在于开发一种通用的、以统计分析为基础的方法来建立具体职位的能力模型，同时，运用统计分析进行职位之间的比较，为制定薪酬标准提供依据。

职位分析问卷包含194个项目，其中187项被用来分析完成工作过程中任职者活动的特征（工作元素），另外7项涉及薪酬问题。所有的项目被划分为信息来源、思考过程、体力活动、人际关系、工作环境、其他特征6个类别，问卷给出每一个项目的定义和相应的等级代码。[①] 表4-1为PAQ的内容。

表4-1 PAQ的内容

类型	内容	举例	工作元素项目
信息来源	员工从哪里和怎样获得完成工作所需的信息？	使用哪些书面材料或其他视觉信息？	35
思考过程	在工作过程中如何思考、推理、决策、规划、信息加工和处理？	解决问题时的推理难度和水平。	14
体力活动	工作需要进行哪些体力活动，须使用哪些工具和仪器设备？	键盘式仪器、设备使用，装配和分解。	49

---

① 胡蓓，王通讯.人力资源开发与管理[M].3版.武汉：华中科技大学出版社，2015：63.

续表

类型	内容	举例	工作元素项目
人际关系	工作中与哪些有关人员有什么样的关系？	与同事、客户的接触。	36
工作环境	工作中的自然环境和社会环境怎样？	高温、辐射以及人际间的冲突，心理及社会因素。	19
其他特征	与工作相关的其他活动、条件或特征是什么？	工作时间安排、报酬要求及职务要求、着装要求。	41

职位分析问卷从六方面进行评分：信息使用的程度、花费的时间、适用性、对工作的重要程度、发生的可能性以及特殊代码。

这些评价结果通过计算机处理，就可以得到每个工作在各个维度上的得分。共有13个总体性维度，涵盖了工作环境、工作的投入和产出以及工作过程的各个方面，能够得出每个工作在每一维度上的得分。

职位分析问卷法的优点是：将各工作所需要的基本技能与基本行为以标准化的方式列出，考虑员工与工作两个变量因素，具有广泛的适用性，操作性强，从而为人力资源调查、确定工作等级、薪酬标准的制定等提供了依据。另外，职位分析问卷不须修改就可用于不同组织、不同工作，使得比较各组织之间的工作更容易，也使得工作分析更准确、更合理。工作分析问卷的缺点是：由于问卷没有对职位的特定工作进行描述，因此，职位行为的共同性就使得任务间的差异较模糊，不能描述实际工作中特定、具体的任务活动；只有具备较高文化水平的人才能理解其中的项目，分析人员也需要一定的阅读能力，使用范围受到限制。

2. 管理职位描述问卷法

管理职位描述问卷是专门针对管理人员设计的工作分析系统。管理职位描述问卷（Management Position Description Question，简称 MPDQ）根据因素分析，所有题目被划分为15个部分，即15个因素，每个因素都包含一定量的相关题目。MPDQ问卷包括的15个因素包括一般信息、决策、计划与组织、行政、控制、监督、咨询与创新、联系、协作、表现力、监控业务指标、综合评价、知识技能与能力、组织结构图、评论与反映，共274个项目。使用MPDQ问卷时，让管理者根据描述对管理职位的重要性和发生频率进行5级计分，并在后面的空白处写下你认为在该维度中还应该包含的其他工作。

MPDQ问卷适用于不同组织内管理职位的分析；为管理工作所需要的培训、薪酬设计和绩效评估工作提供了基础，但不能分析所有类型的管理工作，灵活性差；耗时太长，工作效率较低，成本高。

（四）工作日志法

工作日志法是由任职者按时间顺序详细记录工作过程，了解员工实际工作的内容、责任、权利、人际关系及工作负荷，经过归纳提炼，获得工作信息的工作分析方法。

工作日志法的优点是：信息的可靠性很高，适于确定有关工作职责、工作内容、工作关系、劳动强度等方面的信息，所需费用也较低；任职者认真负责，能够搜集较多的信息量；对于高水平、比较复杂的工作的分析，显得比较经济有效。

工作日志法的缺点表现在：如果员工记日记的态度不认真，信息的可靠性就会降低；适用范围较小，只适用于工作循环周期较短、工作状态稳定的职位；整理、归纳信息的工作烦琐；任职者往往会遗漏很多工作内容，并在一定程度上影响正常工作。

（五）职能工作分析法

职能工作分析法（Functional Job Analysis，简称FJA）是美国培训与职业服务中心开发的一种以工作为中心的工作分析方法。FJA以任职者应发挥的职能为核心，对工作的每项任务要求进行详细分析，其基本理论基础是共同的人和工作关系理论，该理论认为，所有的工作都涉及职位的任职者和数据、人、事三者的关系。它的框架主要包括：①任职者要完成什么与做什么，即什么样的工作行为产生了什么样的工作结果。②任职者的职能。职能分为事物职能、数据职能和人员职能三部分，描述任职者与数据、人和事之间的重要联系。任职者与数据、人和事发生关系时所表现的工作行为，可以反映工作的特征、工作的目的和人员的职能。③完整意义上的任职者。工作者完成工作职能时必须具备三种技能：通用技能、特定工作技能和适应性技能。最后，工作分析人员根据职能等级表得出每一项工作的等级。

职能工作分析法的优点是对工作内容提供一种非常彻底的描述，对绩效评估非常有用。但是职能工作分析方法对每项职位都要求做详细的分析，因而撰写起来非常费时费力。同时，职能工作分析方法不记录有关的工作背景，对于员工必备条件的描述也并不理想。

第三节　工作说明书编写与工作规范

一、工作说明书和工作规范概述

工作说明书通常又被称作职务描述或工作描述。工作说明书是以书面的形式对组织中的各个职位的工作性质、工作任务、工作职责、工作关系和工作环境等所做的统一要求，它实际要描述的是任职者的工作是什么、为什么做、如何做以及在何处做等。

工作规范又称任职资格或者岗位规范，是根据工作分析所提供的信息，拟定任职者的资格，列举并说明具体任职者的个人特质、条件、所受教育和培训等，用于招聘以及职业培训等活动。

工作说明书与工作规范都是工作分析的结果，工作规范一般是从工作说明书中提取出来的。从编制的直接目的看，工作说明书是以"工作"或"职务"为中心，对岗位进行全面、系统、深入的说明，为工作分类、工作评价提供依据。而工作规范是在工作说明的基础上，解释什么样的人员才能胜任本岗位的工作，以便为企业职工的招聘、培训、考核、选拔、任用提供依据；从两者涉及的内容范围来看，工作说明书的内容更为广泛，包括对岗位各有关事项的性质、特征、程序、方法的说明，而工作规范的内容较为简单，主要涉及对岗位人员任职资格条件的要求。

工作说明书和工作规范的编写并没有标准的格式，可能会因为工作性质、企业的需要和工作分析者等方面的不同，使得工作说明书的编写内容和编写方式存在许多差异，但编写的基本步骤、编写的基本原则应该是共同的，工作说明书和工作规范的内容和描述的结果应该是基本一致的。

（一）基本原则

一是科学性原则。这是对编写程序的要求。工作说明书和工作规范的编写，应该避免主观随意性，从程序上保证其科学性。这就需要相关专家共同参与撰写，任职者的主管审定，人力资源管理部门存档。

二是适用性原则。这是对工作说明书和工作规范的内容要求。工作说明书和工作规范的内容应该简洁实用、重点突出，既不能过于详细，也不能失之简单，必须明确工作任务、工作职责和任职资格，使之能够被应用于人力资源管理的各项工作。

三是准确性原则。这是对工作说明书和工作规范的语言表达方面的要求。工作说明书和工作规范应该对工作进行全面清楚的描述，任职者阅读以后能够明确其工作责任和工作流程；工作规范也应该列举并且说明任职者所必须具备的个人特质、条件、所受培训和教育经历等；同时，工作说明书和工作规范的描述应该准确，用词恰当，便于理解和把握。

四是规范性原则。这是对工作说明书和工作规范的格式要求。工作说明书和工作规范是组织人力资源管理系统的重要文件资料，其内容和描述的结果应该是基本一致的，内容应该是完备的，文本格式应该是统一的，从而使之能够适应现代化技术应用与发展的要求。

（二）基本步骤

在完成工作分析以后，一般需要编写工作说明书和工作规范。工作说明书和工作规范可以分成两个文件来写，也可以合并在一份工作说明书内，其编写的基本步骤如下：

一是草拟。根据所收集的有关工作信息，初步拟定工作说明书和工作规范的草稿。

二是对照。将工作说明书和工作规范的草稿与实际工作进行对照，根据对照的结果决定是否需要再次进行调研。

三是修正。修正工作说明书和工作规范，对于一些特别重要的工作岗位，需要多次反复修订。

四是定稿。经过多次反馈和修正，形成最终的工作说明书和工作规范，并将工作分析的成果运用于实际工作中。

五是总结。对工作分析进行总结性评估，并将工作说明书和工作规范归档保存，建立工作分析成果的管理制度，为今后的工作分析提供基础。

六是更新。在工作分析的成果运用于实际的人力资源管理工作过程中，要加强调研，注重反馈，从而不断完善工作说明书和工作规范。

二、工作说明书的编写

工作说明书应该指明的是某项工作区别于其他工作的信息，所包含的内容要素及其编写要求如下：

（一）工作说明书的内容要素

一份比较完备的工作说明书应该具备以下方面的内容：

1. 工作标识

工作标识包括工作名称和工作身份。工作名称应该能比较准确地反映工作的主要职责，并且应该指明任职者在组织等级制度下的相关关系。工作身份又称工作地位，一般在工作名称之后，包括所属部门、直接上级职位、工作等级、工资水平、所辖人数、定员人数、工作分析时间和人员等。

2. 工作概述

工作概述也称职务摘要，是对主要工作职责的简要说明，应该用简洁准确的文字揭示工作的总体性质、中心任务和工作目标。

3. 工作内容

工作内容是对基本的工作任务和工作关系的说明，包括以下主要内容：

（1）工作活动内容。逐项说明工作活动内容与时间的百分比。

（2）工作权限。界定任职者在工作活动内容上的权限范围，如决策的权限、对他人实施监督的权限以及经费预算的权限。

（3）工作绩效标准。工作绩效标准又称工作结果，说明任职者的工作结果。一般应该有定量化的表述。

（4）工作关系。工作关系又称工作联系，指任职者与组织内外其他部门和人员之间的关系，如监控的上级和监控的下属对象、可以晋升的职位、可以相互转换的职位、与哪些部门的职位发生联系等。

4.工作条件和环境

工作条件主要涉及任职者使用的设备名称和所运用的信息资料的形式。工作环境更多地涉及工作所处的自然环境，包括工作场所、工作的危险性、工作的时间、工作的均衡性、工作环境的舒适性等。

（二）工作说明书的编写要求

在进行工作说明时，必须注意以下各点：

1.内容要详尽、完整

工作说明书的内容要详尽、完整。要避免的情况主要有以下两种：

（1）工作描述过于琐碎。工作描述如果过于详细的话，难免琐碎，这样工作描述将会变成动作分析。

（2）不能独立使用。工作说明书本身应该能够独立使用，对某一项目的描述不应该出现"参见第几页第几项"的字样。

2.语句构成简洁，逻辑性强

语句构成要简洁、规范，要有逻辑性；每一句话都应该能表达动作、对象、目的，并以动词起句；语句的排列应该按照工作的基本性质、职位高低、资格条件的重要性等排序。

3.用词标准

要建立标准化的词库。词汇应该具体，避免抽象概念；除非必要，不用形容词；除非必要，避免难以理解的技术性词汇；如有可能，尽量用数学语言。

三、工作规范的编写

工作规范既可以是附在工作说明书中的一部分，也可以把它放在工作说明书的背面，作为一份单独的文件。

（一）工作规范的一般性内容

制定工作规范时，要列举并说明具体任职者的个人特质、条件、所受教育和培训等方面的详细内容，具体如下：

1．资历要求

（1）教育背景。如对任职者的专业、学历的要求，以及任职者所受的相关培训、所获得的职业证书等。

（2）工作经历。任职者有无相关的工作经历以及从事相关工作的时间长短。

2．心理要求

（1）技能要求。任职者的基本技能、专业技能和其他技能。如任职者的领导、组织、协调、创新、分析能力，信息处理能力、人际交往能力和表达沟通能力等。

（2）心理素质。包括个性心理特点，如各种感、知觉能力，记忆、思维、语言、操作活动能力，应变能力，兴趣爱好、性格类型等。

（3）职业品质。除了对一般的社会道德的要求外，对职业所要求的职业品质也要有所要求，如敬业态度、职业纪律等。

3．身体素质

身体素质主要是指岗位对身体的特殊要求，如身高、体型、力量大小、耐力、身体健康状况等。

（二）制定工作规范的注意事项

1．区别对待不同性质的工作

根据上述工作规范的一般内容，在制定工作规范时，要根据工作性质和工作分析的不同结果，区别对待。对性质简单、固定而且条件可以列举的工作（如专业人士、技术员、打字员等），任职资格可以直接根据个人资格条件（如学历、培训、资格证书等）列举，基本可以满足使用的要求；凡是不属于上述类别者，制定工作规范时，可以根据工作分析的结果，预测影响该项工作绩效的个人条件是什么，才能确定胜任此项工作必需的资格条件。

2．满意的标准而不是最优的标准

工作规范所列举的任何资格条件要求，都应该建立在完成工作确实必需的内容之上，也就是说，工作规范应该反映取得令人满意的工作绩效必需的资格条件，而不是理想的候选人应该具备的条件，制定工作规范的标准应该是满意的标准，而不是最优的标准。

3．注意任职者的个性特征

关于工作规范不同的专家提出了不同的内容体系，在制定工作规范时，我们可以参考这些内容进行具体而详细的描述，但同时要切实地根据不同的工作性质和各自组织的特殊要求来制定，这样才能保证工作规范的适用性。而在实际工作中，更多的组织可能更加强调任职者的资格和能力要求，而对于任职者的个性特征（如意志水平、性格特点）缺乏

人力资源开发篇

必要的考虑，致使招募的人员在实际工作中不能面对工作压力、缺乏达到目标的意志和决心，不能与他人保持良好的合作关系，从而影响了个人的工作绩效和组织绩效。

第四节　岗位设计及其影响因素

一、岗位设计的基础知识

岗位设计又称工作设计，是指根据企业需要，并兼顾个人的需要，规定每个岗位的任务、责任、权力及企业中与其他岗位关系的过程。它是把工作的内容、资格条件和报酬结合起来，目的是满足员工和企业的需要。岗位设计问题主要是企业向员工分配工作任务和职责的方式问题，岗位设计是否得当对激发员工的积极性、增强员工的满意感及提高工作绩效都有重大影响。岗位设计是在工作分析的信息基础上，研究和分析工作如何开展可以促进企业目标的实现，以及如何使员工在工作中得到满意以调动员工的工作积极性。

（一）岗位设计的内容

岗位设计的主要内容包括工作内容、工作职责和工作关系三方面。

1. 工作内容

工作内容的设计是工作设计的重点，一般包括工作广度、工作深度、工作的完整性、工作的自主性及工作反馈五方面。

（1）工作广度，即工作的多样性。工作设计得过于单一，员工容易感到枯燥和厌烦，因此设计工作时，尽量使工作多样化，使员工在完成任务的过程中能进行不同的活动，保持工作的兴趣。

（2）工作深度。设计的工作应具有从易到难的一定层次，对员工工作的技能提出不同程度的要求，从而增加工作的挑战性，激发员工的创造力和克服困难的能力。

（3）工作的完整性。保证工作的完整性能使员工有成就感，即使是流水作业中的一个简单程序，也要是全过程，让员工见到自己的工作成果，感受到自己工作的意义。

（4）工作的自主性。适当的自主权力能增加员工的工作责任感，使员工感到自己受到了信任和重视，认识到自己工作的重要，使员工工作的责任心增强，工作的热情提高。

（5）工作反馈。工作反馈包括两方面的信息：一是同事及上级对自己工作意见的反馈，如对自己工作能力、工作态度的评价等；二是工作本身的反馈，如工作的质量、数量、效率等。工作反馈信息使员工对自己的工作效果有个全面的认识，能正确引导和激励员工，有利于工作的精益求精。

2. 工作职责

工作职责设计主要包括工作的责任、权力、方法及工作中的相互沟通和协作等方面。

（1）工作责任。工作责任就是员工在工作中应承担的职责及压力范围的界定，也就是工作负荷的设定。责任的界定要适度，工作负荷过低、无压力会导致员工行为轻率和低效；工作负荷过高、压力过大又会影响员工的身心健康，会导致员工的抱怨和抵触。

（2）工作权力。权力与责任是对应的，责任越大权力范围越广，否则二者脱节，会影响员工的工作积极性。

（3）工作方法。工作方法包括领导对下级的工作方法、企业和个人的工作方法设计等。工作方法的设计具有灵活性和多样性，不同性质的工作根据其工作特点的不同采取的具体方法也不同，不能千篇一律。

（4）相互沟通。沟通是一个信息交流的过程，是整个工作流程顺利进行的信息基础，包括垂直沟通、平行沟通、斜向沟通等形式。

（5）协作。整个企业是有机联系的整体，是由若干个相互联系、相互制约的环节构成的，每个环节的变化都会影响其他环节及整个企业运行，因此，各环节之间必须相互合作、相互制约。

3. 工作关系

企业中的工作关系，表现为协作关系、监督关系等各个方面。

以上三方面的岗位设计，为企业的人力资源管理提供了依据，保证事（岗位）得其人，人尽其才，人事相宜；优化人力资源配置，为员工创造更加能够发挥自身能力，提高工作效率，提供有效管理的环境保障。

（二）岗位设计的基本原则

岗位设计要遵循四个原则：专业分工原则、协调费用最小原则、不相容职务分离原则和整分合原则。

1. 遵循专业分工原则

专业分工原则追求深度知识与市场经验的积累，在此原则下的岗位设置是对企业细分的过程，使岗位成为企业中工作内容自成体系、职责独立的最小业务单元。

关于企业细分，目前有流程优先与职能优先两种争论。本书倾向于前者，因为一级流程可以定义为企业的盈利模式。在此基础上，可以将流程分解或模块化，部门是一级流程分解的结果，是企业内部价值链具有一定使命的独立环节，而岗位是对部门即一级流程分解下某一个模块的再分解。

因此，在专业分工原则下，部门岗位设计的第一步骤为工作内容细分，其表现形式为岗位最小化。

2. 遵循协调费用最小原则

协调费用最小原则是为减少不同职位间的协调，降低运作成本。该原则在岗位设计方面的应用，是通过工作关系分析和工作定量分析的步骤来实现的。

进行工作关系分析而非工作定量分析，是为一人多岗做准备，适用于公司发展较快、岗位工作量及职责具有较大不确定性的情况。在这种不确定下，岗位不适宜合并，而可由工作内容具有相关性的岗位兼任。进行工作定量分析，则是在工作量不饱满的情况下，对职能细分或流程被分割的岗位予以合并，应用结果为撤岗和并岗。

工作关系分析是对最小业务活动之间的工作相关性进行分析，确定适用的优化组合方案，从而通过对工作岗位、部门的相关性分析，使企业发挥系统和平衡的功能，达到分工合理、简洁高效和工作顺畅。随着公司各项工作的稳定开展，结合对各岗位工作的定量分析，可以对于工作量不足80%的岗位，及时进行撤岗、并岗，保证每一个岗位的负荷，使所有工作尽可能集中，并降低人工成本。

3. 遵循不相容职务分离原则

不相容职务分离原则的核心是内部牵制。古埃及时已在记录官、出纳官和监督官之间建立起内部牵制制度。内部牵制是一人不能完全支配账户，另一个人也不能独立地加以控制的制度。不相容职务是指那些如果由一个人担任，既可能发生错误和舞弊行为，又可能掩盖其错误和弊端行为的职务。

基于不相容职务分离原则的岗位设置需要，在岗位间进行明确的职责权限划分，确保不相容岗位相互分离、制约和监督。企业经营活动中的授权、签发、核准、执行和记录等工作步骤，必须由相对独立的人员或部门分别实施或执行。

4. 遵循整分合原则

在企业整体规划下应实现岗位的明确分工，再在分工基础上有效综合，使各岗位职责明确又能上下左右之间同步协调，以发挥最大的企业效能。

（三）岗位设计的方法

岗位设计的方法有多种，但中心思想是工作丰富化，而工作丰富化的核心是激励的工作特征模型。

1. 工作轮换

工作轮换是工作设计的内容之一，指在企业的不同部门或在某一部门内部调动雇员的工作，目的在于让员工积累更多的工作经验。

2.工作扩大化

工作扩大化的做法是扩展一项工作包括的任务和职责，但是这些工作与员工以前承担的工作内容非常相似，只是一种工作内容在水平方向上的扩展，不需要员工具备新的技能，所以，并没有改变员工工作的枯燥和单调。

3.工作丰富化

所谓的工作丰富化是指在工作中赋予员工更多的责任、自主权和控制权。工作丰富化与工作轮换、工作扩大化都不同，它不是水平地增加员工工作的内容，而是垂直地增加。这样员工会承担更多重的任务、更大的责任，员工有更大的自主权和更高程度的自我管理，还有对工作绩效的反馈。

二、岗位设计的影响因素

一个成功有效的岗位设计，必须综合考虑各种因素，既需要对工作进行周密的、有目的的计划安排，并考虑到员工的具体素质、能力及各个方面的因素，也要考虑到本单位的管理方式、劳动条件、工作环境、政策机制等因素。具体进行岗位设计时，必须考虑以下几方面的因素：

（一）员工因素

人是企业活动中最基本的要素，员工需求的变化是岗位设计不断更新的一个重要因素。岗位设计的一个主要内容就是使员工在工作中得到最大的满足。随着文化教育和经济发展水平的提高，人们的需求层次提高了，除了一定的经济收益外，他们希望在自己的工作中得到锻炼和发展，对工作质量的要求也就更高。

只有重视员工的要求并开发和引导其兴趣，给他们的成长和发展创造有利条件和环境，才能激发员工的工作热情，增强企业吸引力，留住人才。否则，员工不满意程度的增加，带来的是员工的冷漠和生产低效，以致人才流失。因此，在进行岗位设计时要尽可能地使工作特征适合员工个人特征，使员工能在工作中发挥最大的潜力。

（二）企业因素

岗位设计最基本的目的是提高企业效率，增加产出。岗位设计离不开企业对工作的要求，具体进行设计时，应注意以下方面：

第一，岗位设计的内容应包含企业所有的生产经营活动，以保证企业生产经营总目标的顺利、有效实现。

第二，全部岗位构成的责任体系应该能够保证企业总目标的实现。

第三，岗位设计应该利于发挥员工的个人能力，提高企业效率。这就要求在进行岗位设计时全面权衡经济效率原则及员工的职业生涯和心理上的需要，找到最佳平衡点，保证每个人满负荷工作，使企业获得生产效益与员工个人满意度及安宁两方面的收益。

（三）环境因素

环境因素包括人力供给和社会期望两方面。

首先，岗位设计必须从现实情况出发，不能仅仅凭主观愿望，而要考虑与人力资源的实际水平相一致。例如，在中国人力资源素质不高的情况下，工作内容的设计应相对简单，在技术的引进上也应结合人力资源的情况，否则引进的技术没有合适的人使用，造成资源的浪费，影响企业的生产。

其次，岗位设计应人性化。如今，激励越来越受到管理者的重视，因为它是对员工从事劳动的内在动机的了解和促进，从而使员工在最有效率、最富有创造力的状态下工作。岗位设计直接决定了人在所从事的工作中干什么、怎么干，有无机动性，能否发挥其主动性、创造性，有没有可能形成良好的人际关系等。优良的岗位设计能保证员工从工作本身寻得意义与价值，可以使员工体验到工作的重要性和自己所负的责任，及时了解工作的结果，从而产生高度的内在激励作用，形成高质量的工作绩效及高度的工作满足感，达到最佳激励水平，为充分发挥员工的主动性和积极性创造条件，企业才能形成具有持续发展的竞争力。

第五章　员工招聘与培训开发

第一节　员工招聘及其形式

一、员工招聘概述

（一）招聘的含义理解

招聘是组织根据人力资源规划和工作分析的要求，通过发布招募信息和科学的甄选，使组织获取所需的合格人选，并把他们安排到合适岗位工作的过程。

在理解招聘的含义时，我们必须把握招聘工作以下几方面的特点：

第一，招聘必须以人力资源规划和工作分析为前提。人力资源招聘是以人力资源规划和工作分析这两项基础性工作为前提的。人力资源规划决定了组织预计要招聘的岗位、部门、数量、时限、类型等要求；工作分析则对组织中各个岗位的职责、所需的资质进行分析，为招聘工作提供了主要的参考依据，同时也为应聘者提供了有关岗位的详细信息。招聘工作对于组织人力资源的合理形成、管理及开发具有至关重要的作用。

第二，招聘是组织与应聘者的互动选择。组织与应聘者之间的双向选择，是招聘工作的一个重要特征。应聘者根据组织发布的招聘信息，对照所聘岗位的条件和标准，进行自我分析、衡量，并了解组织的整体情况，从而选择合适的组织和岗位作为应聘目标。组织则从应聘者中，根据岗位要求择优录用。组织要尽量避免"人才高消费"的现象，尽量使录用人员的能力与岗位的职责要求相匹配。

第三，招聘必须考虑成本问题。招聘应该同时考虑三方面的成本：一是直接成本，包括招聘过程中广告费、工作人员工资和差旅费、考核费用、办公费用及聘请专家费用等；二是重置成本，是指因招聘不慎，须重新再招聘时所花费的费用；三是机会成本，是指因离职及新员工尚未胜任工作造成的费用支出。一般来说，招聘的职位越高，招聘成本就越大。招聘时必须考虑成本和效益，既要将成本降到最低限度，又要保证录用人员的素质要求，这是招聘成功的最终目标。

（二）招聘的基本原则

人力资源部要有计划、有目标、有步骤地开展日常的员工招聘工作，严格掌握对应聘人员的基本要求，把任人唯贤、择优录用的基本原则贯穿在整个招聘工作的过程中，甄选出德才兼备的优良人选，不断满足组织发展的需要，使组织在激烈的竞争中保持人力资源的优势。具体来讲，招聘工作应该遵循下列原则：

一是计划性原则。应该在组织人力资源规划的基础上，具体制订员工招聘计划。员工招聘计划作为组织人力资源规划的重要组成部分，为员工招聘录用工作提供了客观的依据。

二是公开性原则。组织应该把空缺的职位种类、数量、应聘资格和条件、应聘方法等信息，通过公开的途径，向组织内外的应聘者发布，使招聘工作置于组织内外公开监督下，防止暗箱操作，唯有如此，才能给予组织内外的申请者以公平竞争的机会，达到广揽人才的目的。

三是公平性原则。公平性原则要求通过考核和公平竞争，确定人员的优劣和取舍。为达到公平竞争的目的，既要吸引较多的应聘者，又要严格甄选程序，用科学的手段进行考核、筛选，减少甄选工作中的主观随意性。公平性还要求组织对所有申请者一视同仁，不能人为地制造各种不公平的限制（如性别歧视、年龄歧视、籍贯歧视等），也不能人为地制造不平等的优先优惠政策，为组织内外的申请者提供平等的竞争机会。

四是标准性原则。招聘工作应该按照工作分析所提供的职位说明书进行。组织在进行招聘决策时要做好充分的准备，明确招聘的标准和条件。一个岗位宁可暂时空缺，也不要让不合适的人选占据，尽量不要降低标准来录用人员，如果是因为标准定得太高，以致所有的候选人都无法达到招聘标准时，组织可以适当地重新考虑招聘标准。在降低标准时，一定要谨慎，否则会导致标准的混乱，对其他员工造成不公平，同时也影响今后的工作。

五是全面性原则。全面性与标准性原则相联系。对应聘者的资格、条件与所招聘职位的匹配性方面要进行全面的考察，不能只考察其中的某一突出方面就简单地做出录用或拒绝的判断，避免以偏概全。

六是合适性原则。合适性原则要求做到既广开才路，又人事相宜。招聘的对象不一定是最优秀的，而应该是最合适的。招聘时要量才录用，做到人尽其才、人事相宜，尽量避免大材小用，造成浪费。这里的标准是职位的要求，如果应聘者的条件远远超过职位的要求，今后他的工作稳定性就不会太高。

（三）招聘的一般环节

人力资源招聘是一个复杂、完整、连续的程序化操作过程，包括从招募、甄选、录用到评估的完整过程。

第一，员工招募。招募是为了吸引更多更好的应聘者而进行的一系列活动，包括根据需求预测制订招聘计划，发布招聘信息，收集和整理应聘者的申请等。招募是招聘工作的基础。

第二，人员甄选。甄选是对所招募人员进行筛选的过程。为了对应聘者进行全面和深入的了解，组织应该借助各种方式从中甄选出合格的人选，这些方式包括对应聘材料的评价、开展背景调查，对初选合格的人选进行面试，必要的话，还应该进行相应心理、技能的测试和考核。

第三，人员录用。录用是招聘工作的决定性阶段，也就是对甄选出的人员进行初始的安置，包括做出录用决策、安排体检和岗前培训、试用和安置等方面的工作。

第四，招聘评估。评估是招聘工作不可或缺的环节，为此，组织应该成立评估小组，评估由各级主管领导、人力资源部主管、招聘工作人员及须补充人员的部门领导组成。招聘评估主要从招聘各岗位人员到位情况、应聘人员满足岗位的需求情况、应聘录用率、招聘单位成本控制情况等方面进行评估，还可以从所录用人员的流失率来判断招聘工作的质量。

二、招聘的主要形式

企业中的员工招聘可以有多种形式，其主要形式有三种：内部选拔、收集人际关系网信息和公开招聘。

（一）内部选拔

内部选拔是员工招聘的一种特殊形式。严格来说，内部选拔不属于人力资源吸收的范畴，而应该属于人力资源开发的范畴。但它又确实是企业中与员工招聘关系最密切的一部分工作，因此，我们放在这里一起阐述。

内部选拔有以下一些形式：晋升、调用、轮岗、内部公开招聘、选聘和降级使用。其中主要是晋升和调用。

1. 晋升

当企业中有些比较重要的岗位需要招聘人员时，将企业内部符合条件的员工从一个较低级的岗位提升到一个较高级的岗位的过程就是晋升。

晋升的主要优点是：有利于激励员工奋发向上，较易形成企业文化，日本企业运用较多。其主要缺点是：不易吸收优秀人才、选择面较窄、可能使企业缺少活力。

晋升应遵循以下原则：唯才是用；有利于调动大部分员工的积极性；有利于提高生

人力资源开发篇

产率。

2. 调用

有时，当企业中需要招聘的岗位与员工原来的岗位层次相同，把员工调到同层次岗位上去工作的过程被称为调用。

调用的主要优点是：员工对新岗位可能比较熟悉、较易形成企业文化。其主要缺点是：与内部提升的缺点相似，另外可能影响员工的工作积极性。

调用应遵循以下原则：尽可能事前征得被调用者同意；调用后更有利于工作；用人之所长。

在企业中，内部选拔是经常发生的，当一个岗位需要招聘时，管理人员首先想到的是内部选拔是否能解决该问题。由于内部选拔费用低廉，手续简便，人员熟悉，因此当招聘少数人员时常常采用此方法，而且效果也不错。

但是当企业内部员工不够，或者没有合适人选时，就应该采取其他的形式进行招聘。

（二）收集企业人际关系网信息

每个企业都和不少个人或组织发生许多关系，这些关系总称为企业人际关系网。通过企业人际关系网收集招聘信息，也是企业员工招聘的一个重要形式。

1. 熟人介绍

当一个工作岗位空缺时，可由企业内外的熟人介绍人选，经过测试合格后录用。

熟人介绍的主要优点是：由于熟人的情况较了解，被介绍人的情况也相对较熟悉；一旦聘用，离职率较低，费用较便宜。

熟人介绍的主要缺点是：易形成非正式群体；选用人员的面较狭窄；易造成任人唯亲的现象。

在运用熟人介绍这种招聘形式时，应遵循以下原则：经过测试后方可聘用；熟人的面要尽可能广泛；被介绍人尽可能不在介绍人领导下工作；请相关专业的熟人介绍；鼓励员工介绍有能力的人应聘。

2. 职业介绍机构

目前，我国的职业介绍机构大多是政府部门中的人事部门或劳动部门负责的。随着市场机制的不断引入，其他类型的职业介绍机构将越来越多。那时，企业在员工招聘时运用职业介绍机构这种形式将越来越普遍。

职业介绍机构的优点是：应聘者面广；很难形成裙带关系；时间较短。

职业介绍机构的缺点是：需要一定的费用；应聘者的情况不够了解；不一定有需要岗

位的合适人选；有些机构鱼龙混杂，应聘人员素质较低。

在运用职业介绍机构这种招聘形式时，应遵循以下原则：要选择信誉较高的机构；对应聘者尽可能再测试一次；要求机构提供尽可能正确而详细的信息。

3.职业招聘人员（职业招聘公司）

职业招聘人员又称"猎头者"，是指一些专门为企业招聘高级人才或特殊人才的人员。这些人员可能隶属于某公司，也可能是自由职业者，主要特点是有针对性地招聘。职业招聘公司又称"猎头公司"，主要负责招聘高层次的人才。

职业招聘人员的优点是：针对性强；聘用的人员马上可以上岗并立即发挥重大作用；有时因此而能击败竞争对手；效果立竿见影。

职业招聘人员的主要缺点是：费用较高；不利于调动本企业员工的积极性；策划难度较高。

运用职业招聘人员的原则：确定招聘对象的人选要谨慎；要选用高水平的职业招聘人员；在适当时机应向有关人员做出适当的解释；事先尽可能保密，相关措施要跟上。

4.求职者登记

求职者登记是一种"愿者上钩"式的被动招聘形式，有时也可以招聘到合适的人选。

求职者登记的优点是：费用低廉；可以直接进行双向交流。

求职者登记的缺点是：随机性较大；时间较长；合适人选不多。

运用求职者登记的原则：有关部门要有一个人兼管这项工作；要有详细的登记表；要尽可能鼓励求职者。

（三）公开招聘

公开招聘是指企业向企业内外的人员公开宣布招聘计划，提供一个公平竞争的机会，择优录用合格的人员担任企业内部岗位的过程。这个过程可分为以下几个步骤：

第一，刊登广告。在公开招聘中，刊登广告是重要而关键的第一步骤，目前越来越多的企业运用网络来发布招聘广告。只有在适当的时机，运用适当的渠道，刊登适当的广告，才能吸引企业所需要的人才来应聘。如果应聘的人素质不高，或人数太少，企业很可能招聘不到合适的人选。

第二，报名。在规定的时间内，要求应聘者到指定地点报名是公开招聘的第二步骤。根据招聘的需要设计相应的报名程序，最简单的报名程序是：领取报名登记表，填写表格，上交表格。有的须交附加材料，为了了解应聘者的某些资格；有的故意使报名程序复杂化，以便了解应聘者的耐心和决心。

第三，发通知。在规定的时间内通知应聘者参加测试，由于公开招聘人数往往较多，因此，要确保每一位应聘者都能收到通知，如果需要应聘者的反馈，更要延长发通知时间。

除了以上招聘形式外，目前较流行的形式还有：校园招聘、网络招聘等等，也属于公开招聘，但是有其特殊性。

第二节　员工甄选与录用

人力资源的获取工作是一个完整的流程，甄选和录用是整个招聘系统的组成部分。为了对应聘者的知识水平、能力、专业兴趣和个性特征等多方面的内容有比较全面和深入的了解，组织应该借助不同的方式来甄选出合适的人选，甄选已经成为组织招聘工作的一个最重要的阶段。录用则是组织经过甄选之后的决定，录用作为一种契约将组织与应聘者紧密地联系起来。

一、员工甄选的步骤

甄选过程应该由人力资源部门和用人部门经理共同完成，其步骤如下：

（一）评价求职申请表和简历

评价求职申请表和简历是对应聘者进行的初步筛选。无论是由个人提交的申请表和简历，还是由组织统一设计的登记表，总会存在许多不可靠的成分。初步筛选的目的在于透过申请表和简历的表面现象观察分析其潜在的危险信号。对显示出危险信号的申请者，应该在初步筛选中予以剔除。对于有希望的候选人，可以将发现的疑问记录下来，以备面试时提问。

一般来说，有下列情况的，可以视作"危险信号"：①申请表信息不完全；②就业经历存在间断；③在某职位上短期任职，且没有合乎逻辑的原因；④在某一工作岗位上缺乏所期望的成绩；⑤缺乏有效的离职原因；⑥所描述的职责与原任职岗位不一致；⑦过去的经验与申请的职位不一致；⑧不合逻辑地提供申请职位所必需的经验或技能。

（二）进行面试、测试和考核

对于初选合格的人选进行面试，必要的话还要进行测试和考核，它的一般步骤如下：

第一，确定参加面试的人选、发出书面通知。通知书上应该注明面试的时间、地点、联系方式等内容。

第二，进行面试准备。面试准备包括确定面试主持者和参加人员、选择合适的面试方法、设计评价表和面试提问提纲、面试的场所布置和环境控制。

第三，面试过程的实施。面试是获取求职者信息最常用的方法，在各个层次的选择中被广泛使用。它依靠面试考官的面试技巧有效地控制面试的实际操作，面试过程的操作质量直接影响着人员招聘与录用工作的质量。关于面试的方法和技巧，下面将会有专题说明。

第四，进行必要的测试和考核。选择性测试被视为最可靠、最准确的选择方法，通过对应聘者施以不同的考核和测试，可以就他们的知识、能力、技能等条件，以及个性品质、职业性向、动机和需求等方面加以评定，从中选出组织所需要的人选。

第五，分析评价结果。这个阶段的工作主要是针对应聘者在面试、测试和考核中的实际表现做出结论性的评价，为录用取舍提供建议。

（三）背景调查

背景调查就是核实求职者申请材料和个人简历等与实际是否相符，以获得求职者更全面的信息。

1. 调查时间

背景调查一般安排在面试结束后与拟聘人员上岗前进行，因为此时大部分不合格人选已经被淘汰，而对被淘汰人员自然就没有实行调查的必要了。

2. 调查内容

背景调查内容应以简明、实用为原则。"简明"是为了控制背景调查的工作量，降低调查成本，缩短调查时间，以免延误上岗时间而影响业务开展。"实用"指调查的项目必须与工作岗位需求高度相关，不要调查与任职要求无关的内容。

调查的内容不必面面俱到，基本上可以分为三类：①通用项目。如学历学位的真实性、任职资格证书的有效性。②过去的工作经历。侧重了解受聘时间、职位和职责、离职原因、薪酬、与职位说明书要求相关的工作经验、技能和业绩等问题。③有否不良的记录。

3. 调查的具体实施

进行背景调查可以委托中介机构进行，提出需要调查的项目和时限要求即可。如果工作量较小，也可以由人力资源部门操作。由人力资源管理部门实施调查时，可以根据调查内容把调查对象集中在三大类，即学校管理部门、以前和当前的任职单位、档案管理部门，进行分头调查。

在获取并评价了求职者的资料后，招聘工作就进入了决定性阶段——做出录用决策。

二、甄选技术与方法

甄选工作对组织绩效和成本有重要的影响，决定了组织能否最终获取适合工作岗位的理想人选，因此，甄选已经成为招聘过程的一个最重要阶段，在甄选过程中要用到多种评价技术和方法。

（一）面试

面试是组织的面试人员与应聘者之间进行信息沟通的过程。作为一种评价求职者的主要方法，面试可以使管理者获取并验证一些重要信息，有机会评价应聘者的主观方面——面部表情、仪表、紧张程度等。

1.面试的一般过程

面试的过程包括准备阶段、实施阶段和反馈阶段。

（1）准备阶段。面试前的准备工作对于面试具有至关重要的作用。

准备阶段的基本工作大体有：其一，研究工作说明书。工作说明书对职位说明的信息是面试测验的依据，面试时应该围绕工作说明书进行问题的设计。其二，约定面试时间、准备面试场地。面试者要安排好面试时间，并提早通知被面试者。面试的时间不要与其他重要工作的时间相冲突。在场地安排时要注意两个问题：一个是环境的布置和座位的安排；一个是环境气氛。其三，准备提问提纲。其四，设计面试记录表和面试评分表。面试评分表的主要内容是列出评价要素和评价等级、综合评语以及录用意见等。

（2）实施阶段。面试实施的具体过程包括以下三个基本阶段：

第一，导入阶段。导入阶段主要是面试者和被面试者通过自我介绍与对方认识，导入阶段通过寒暄一些与工作无关的问题，创造一种轻松、友好的面试氛围。

第二，核心阶段。核心阶段是整个面试过程最为重要的阶段，通过提问、倾听和观察，面试者着重收集被面试者能够胜任应聘岗位能力方面的关键信息，并依据这些信息对被面试者做出基本的判断。这一阶段费时最多，面试者除了要运用提问技巧外，还要注意倾听的艺术，并且观察被面试者的非语言信息。提问时不必拘泥于准备好的提纲，要随时根据被面试者的回答情况，做出适当追问，以获取和验证更为全面的信息。

第三，确认阶段。面试者回顾检查是否遗漏了能够反映胜任应聘岗位能力的核心问题，并进一步确认这些关键问题。结束阶段也可以提一些旁敲侧击的问题，了解被面试者的一些潜在信息。

（3）反馈阶段。面试结果的反馈有两条线路：一是由人事部门将人员录用结果反馈到组织的上级和用人部门；二是逐一将面试结果通知应聘者本人，对录用人员发布"试录用通知"，对没有被接受的应聘者发布"辞谢书"。另外，要注意将面试资料存档备案，以备查询。至此面试工作全部完成，重新回到人员招聘与录用的程序之中。

2. 面试的不同种类

面试的方法有很多，组织可以根据自身招聘不同层次人员的不同需要，有针对性地选择面试的方法和种类。

（1）序列面试。序列面试是指通过一系列连续的面试为录用决策积累信息的方法，一般包括几轮，经过每一轮次的淘汰，下一轮的面试根据前一轮的面试评估表做准备。

第一，初次面试。初次面试通常是由组织的人力资源管理部门负责招聘工作的人员主持，了解应聘者接受教育的背景、工作经历、能力、个性、求职意愿等，同时向应聘者介绍组织的基本情况和所聘职位的职责和要求等。

第二，再次面试。再次面试是在初次面试筛选的基础上，由组织的主管部门的负责人、人力资源管理部门的负责人协同进行，如果是选拔高级和重要岗位的人员，组织高层管理人员也应该参加。再次面试主要是为了更加充分地了解应聘者的情况，进一步确认被面试者是否适合其所应聘的职位。再次面试往往对做出录用决策起着重要的作用。

（2）结构化面试。结构化面试是指事前预备好书面的工作说明书和录用标准，设计开发好问题，以避免面试者遗漏某些关键信息的一种面试方法。结构化面试的优点是对于所有的被面试者都回答同样的问题，对所有的被面试者有统一的评分标准，便于分析和比较，一般适用于初次面试。结构化面试的缺点是缺乏灵活性，很难做到因人而异。

（3）非结构化面试。非结构化面试是指没有固定的格式，没有统一评分标准，所提问题因人而异，根据现场情景设计开放性问题的一种面试方法。非结构化面试的优点是可以根据应聘者的陈述内容灵活地提出相关的问题；缺点是面试者的主观性较强，没有统一的标准，容易产生偏差。

（4）小组面试。小组面试是由几个面试者使用一套事先准备好的问题，共同对被面试者进行提问的一种面试方法。面试小组成员包括人力资源管理部门的负责人和用人部门的负责人。小组面试的优点是为参与录用决策的人员提供了同等的机会审查被面试者，同时也节省了系列面试时所花费的时间和精力。小组面试的缺点是对于被面试者来说压力可能比较大。

3. 面试的常见技巧

面试的技巧涉及多个方面，如陈述的技巧、提问和倾听的技巧、如何捕捉非语言信息的技巧、如何面对不同个性的被面试者的技巧、如何进行现场控制的技巧，等等。这些技巧与管理者的素养和技能有关。在此我们只介绍面试提问的STAR步骤。STAR是背景（Situation）、任务（Task）、行动（Action）和结果（Result）四个英文字母的首字母组合。通常，应聘者求职材料上写的都是一些结果，描述自己做过什么，成绩怎样，比较简单和宽泛。而面试者需要了解应聘者是如何取得这些业绩的。通过STAR提问，面试者可以全面了解该应聘者的知识、经验、技能的掌握程度以及工作风格、性格特点等信息。

（1）背景。面试者要了解该应聘者所述业绩是在一个什么样的背景之下取得的，通过不断提问，可以全面了解该应聘者取得所述业绩的前提，从而获知所取得的业绩有多少是与应聘者个人有关，多少是和环境因素有关。

（2）任务。面试者要了解的是应聘者为了取得所述业绩，都完成了哪些工作任务，每项任务的具体内容是什么。通过这些可以了解他的工作经历和工作经验，以确定他所从事的工作与获得的经验是否适合现在所空缺的职位。

（3）行动。面试者还要继续了解应聘者为了完成上述任务所采取的行动，即了解他是如何完成工作的，工作中采取了哪些行动，所采取的行动是如何帮助他完成工作的。通过对应聘者"行动"方面信息的提问，面试者可以进一步了解他的工作方式、思维方式和行为方式。

（4）结果。最后面试者要关注结果，即应聘者采取行动完成每项任务的结果是什么，以及造成这种结果的原因又是什么。

通过上述四个步骤，面试者可以逐步将应聘者的陈述引向深入，从而挖掘出应聘者潜在的信息，为组织的录用决策提供正确和全面的参考。STAR步骤既有利于组织招聘到合适的人才，也为应聘者提供了一个尽可能全面展现自我、推销自我的平台。

（二）心理测试

心理测试是根据被测评者对一组标准问题的回答方式，测量其心理特征，并据以预测被测评者与拟任职位符合程度的方法，以达到甄选的目的。

上述面试方法存在的最大局限是难以获取应聘者的内在个性和实际工作能力方面的信息。心理测试作为一种间接的测量手段，则能够在一定程度上测评出应聘者的人格特征、能力特征（包括能力倾向）、基础知识和专业知识、基本技能和特殊技能等。但即便如此，测试也只能作为甄选录用时的一种辅助性方法，测试和考核并不是万能的，许多信息是不能通过测试和考核来获取的。

1. 心理测试的标准解读

测试的标准是衡量测评工具的测量学指标，这些标准能够衡量测试方法对甄选录用的合宜程度。

（1）效度与信度。测试的效度是测试的有效性，也就是测试的准确性。有效性和准确性是科学测试的最重要的必备条件。保证较高效度的基础是较高的信度。信度是测试的稳定性和可靠性的指标，所谓的稳定可靠是指测试的结果不能随着测试者、测试时间、测试地点的变化而变化。

（2）公平性。公平性是指测试工具对不同的人来说，没有功能的差异性，在设计测评工具时要排除与工作职位无关的因素的影响，同时，一种测评方法应该能够保证平等地对待所有的应聘者，不能因为他们的性别、年龄、出身等方面的不同而有所偏颇。

（3）客观性。测试是一种客观的测试，测试工具必须是经过标准化的。在测试工具的编制、测试的具体实施以及评分和解释方面都要依据一套系统的程序，以降低无关因素对测试结果的影响，便于对不同人的测试结果进行比较和交流。在注意客观性时，也要考虑适用程度，即测试方法的适用范围。适用程度越高、适用范围越大，则其针对性会相应地减少。

（4）经济性。经济性涉及的是成本和效益的关系。成本是指用于测试的全部成本支出，一般来说，测试的精确程度与成本成正比。因此，在具体进行测试时，应该根据企业甄选录用的实际需要，在测试的精确性和成本之间做出正确的权衡，从而决定所用的测试方法。

2.心理测试的类别划分

根据测试的具体对象划分，心理测试有认知测试和人格测试两种。

（1）认知测试。认知测试测评的是认知行为，如成就测试（主要测评对象的成就需要）、智力测试（主要测评认知活动中较为稳定的行为特征）、能力倾向测试（主要测试人的一般倾向和特殊倾向）。

（2）人格测试。人格测试测评的是社会行为，如态度、兴趣、性格与品德等，心理学家开发了各种问卷被用来进行人格测试。

3.心理测试的基本方法

心理测试有两种基本的测试方法，一种是问卷法，另一种是投射法。

（1）问卷法。问卷法往往是由一系列问题组成的结构化量表，其编制形式可以是"是非式""选择式"和"等级排列式"几种。问卷有自陈量表和非自陈量表，心理测试一般运用的是自陈量表。

（2）投射法。投射法提供了结构不明确的刺激情景——投射物，投射物通常是刺激意义不明确的各种图形、墨迹、词语，也可以是实物。让被测试者在不受限制的情景下自由地做出反应，不自觉地将自己的意愿、态度和情感等特性投射于其中，从中来推测测验的结果。常用的有罗夏的墨迹测验、默里和摩根的主题统觉测验（简称TAT）。

4.心理测试的注意方面

心理测试必须谨慎进行，在进行心理测试时必须注意：

第一，心理测试必须由心理专家主持和实施。对一些计分性的测试要由专业人员掌握，不能公开，计分方法更要保密。

第二，实事求是地看待测试的结果和作用。一般来说，心理测试的结果只反映了被测试者某一方面的特质和水平，不能反映他的整体状况，不能迷信心理测试的结果，在解释心理测试的结果时要与拟聘的工作性质相联系；同时，要明确的是对心理测试的作用也不能过高估计，即便是一个信度与效度都很高的测试，当它应用到具体的个人时，其准确性也不一定很高。因此，心理测试的方法只能作为甄选、录用的辅助方法。

第三，心理测试工具设计的标准化和科学化。测试工具的设计要遵守科学的原则，必须由专门机构评审。对一些"常模"（反映众多样本共性的特征值）指标，需要经过实践的探索和检验而不断地修正和完善。

（三）评价中心法

评价中心法是一种综合运用多种评价技术对被评价人员进行全面了解的程序，由这种方法得出的评价结果适用于人力资源管理的各项工作。

1.评价中心法的优势和缺陷

评价中心法有其自身的优势和缺陷。

评价中心法的优点表现在：

一是可靠性。评价中心法综合使用了多种测评技术，如心理测验、能力测验、面试等，由多个评价者进行评价。各种技术从不同的角度对被评价者的目标行为进行观察和评价，各种手段之间可以相互验证，因此能够对被评价者进行较为可靠的观察和评价。

二是动态性。评价中心法的组成部分以及它最突出的特点是它使用了情景性的测验方法，通常，它将被评价者置于一个模拟的工作情境中，了解被评价者与其他人员进行交往和解决问题过程中的行为。因此，评价中心法是一种动态的测评方法，这种对实际行动的观察往往比被评价者的自我陈述更为准确有效。

三是现实性。评价中心法注重发现被评价者对新工作岗位的适应能力，而不太看重其以往的工作经历；更多地测量被评价者实际解决问题的能力，而不是他们的观念和知识，这对被评价人员和企业来说，都极具现实意义。

四是客观性。评价中心法所采取的手段很多是真实情景的模拟，因此，这种方法有时又被称为情景模拟法。人们在评价中心的活动表现都与拟任的工作岗位有关，被评价者的表现比较接近于真实情况，被评价人作伪的可能性极低，便于评价人得出更为客观和可信的评价结果。

当然，评价中心法也存在一些明显的不足，它的主要缺点表现在：

第一，成本较高。实施评价中心法的时间成本和费用成本都比较高，一般只适用于选拔和物色较高层次的管理者。

第二，主观性程度较高。在评价中心技术所采用的情景性测验中，制定统一的评价标准比较困难，因此，评价的主观性程度较高。

第三，实施较为困难。评价中心法由于模拟情景的复杂程度较高，对任务的设计和实施中的要求也比较高。

2. 评价中心法的形式

（1）无领导小组讨论。无领导小组讨论是评价中心法中经常采用的一种测评技术。无领导小组模拟了日常工作中重要的管理沟通情景。其操作方法是给被评价者（一般来说是5～7人）一个有待解决的问题，让他们在1个小时左右的时间里展开讨论以解决这个问题。所谓"无领导"是指参加这一组讨论的被评价者之间是平等的，由他们自行安排发言次序并进行讨论，评价者的任务是观察和评估被测评者在讨论中的表现，但并不参加讨论，也不事先在被测评者中间指定小组的领导者。

（2）文件筐测验。文件筐模拟了管理人员日常进行的公文处理情景，因此，也被称为文件处理练习。被评价者通常扮演某一管理人员的角色，他们被要求在规定的时间内处理来自企业内部上下左右的文稿，如通知、报告、请示、来信等等，这些文稿涉及的问题可能是惯例性的，也可能是非常规性的；可能是琐事，也可能是大事。被测评者要独立地对这些文稿进行处理，做出决定。

（3）角色扮演。角色扮演是一种比较复杂的测评方法，它再现了组织中的真实情景，要求被测评者扮演一定的角色，模拟实际工作情景中的一些活动。角色扮演通常采用一些非结构化的情景，在被评价者之间交互作用。"模拟面谈"是通常采用的一种角色扮演形式，即由一名经过训练的人员充当可能与拟任职位在工作中发生关系的各种角色与被评价者谈话，被评价者被要求回答所要解决的问题，由评价者对面谈的过程进行观察和评价。

（4）工作样本法。工作样本法是选取一些工作任务作为拟聘职位的一个"工作样本"，然后请被测评者现场操作，根据被测评者的实际表现来测评其管理效率。工作样本法从被测评者一个样本的工作绩效预测其整体绩效，减少了许多推论环节，因此是一种比较直接、自然的测验方法。这种方法还有一个更大的特点是能够使被测评者对拟任的管理

人力资源开发篇

工作有一个更加现实和感性的认识。

除此之外，演讲、管理博弈、案例分析等也是经常被用到的评价中心技术。各种方法应结合使用，仅仅采取某一种特殊的评价技术都不足以称之为评价中心法；同时，必须由多名评价人主持评价工作，仅仅由一个人主持评价工作或者仅仅是每个评价人各自写出评价报告而没有经过评价小组成员讨论的情况，也不足以称之为评价中心法。

三、员工录用

录用是招聘工作的决定性阶段，这个阶段包括做出录用决策、安排体检和实际录用等方面的工作。

（一）录用决策

录用决策主要是对甄选评价过程中获取的信息进行综合评价与分析，确定每一个候选人的能力特点，根据预先设计的人员录用标准进行挑选，从而选择合适人员的过程。

最终做出决策的一般是用人部门的经理。在录用决策中，人力资源管理者的作用应该是向用人部门提供服务和专家意见，帮助部门经理做出科学决策。如果人事部门与用人部门在人选问题上意见有冲突，应尊重用人部门的意见。在做出录用决策时，应该尽可能地选择那些具有与组织精神、文化相吻合的个性特点的应聘者。

（二）体检

身体健康是开展工作的基础，进行录用前的体检主要有以下四方面的作用：一是确定求职者是否符合岗位的身体要求；二是建立求职者的健康记录，为未来的保险或雇员的赔偿要求提供依据；三是降低缺勤率和事故，发现雇员可能不知道的传染性疾病；四是体检资料还可以被用于确定某些体力、能力特性是否与员工绩效水平相联系的研究。

（三）实际录用

1.将甄选结果通知应聘者

通过了上述所有程序，人力资源管理部门就可以给被录用者发出录用通知，对不被录用者发出辞谢通知。录用通知一般要以信函的方式及时发出，在录用通知书中，要说明报到的起止时间、报到的地点以及报到的程序等内容，同时对被录用者表示欢迎。辞谢通知可以用信函的方式，也可以通过电话的方式。委婉礼貌的辞谢通知，有助于树立良好的组织形象，也有利于今后招聘工作的开展。

2. 录用人员岗前培训

岗前培训的目的在于向新员工介绍其工作、工作环境及工作同事，能使其迅速熟悉业务流程，消除新员工对新工作、新工作环境及新同事的神秘感，激励新员工的士气。

岗前培训的内容包括熟悉工作内容、性质、责任、权限、利益、规范；了解企业文化、政策及规章制度；熟悉企业环境、岗位环境、人事环境；熟悉、掌握工作流程、技能等。培训周期一般为3天至一星期，特殊岗位的培训可以适当延长。培训合格者方可上岗工作，培训不合格者给予机会再行培训，如仍不合格者，应予以辞退。

3. 试用

试用的主要目的是通过工作实践考察试用人员对工作的适宜性，同时，也为试用员工提供了进一步了解组织及工作的机会。事实上，这一阶段是组织与员工的双向选择，彼此不受任何契约的影响。

培训合格者上岗试用，试用周期一般为3个月；特殊岗位的试用期可为6个月；试用期工作优异者，经部门推荐、考核通过，可提前结束试用期，正式录用。对试用期违反公司规章、工作程序、规范者，因其对新环境不熟悉，应本着教育的原则予以纠正和帮助。

4. 入职手续

新员工必须从原雇主处辞职，完成人事档案的转移，填写新员工档案登记表并签订劳动合同。

第三节　员工培训与开发

一、员工培训与开发概述

（一）员工培训与开发的定义

培训与开发（又称发展）在定义上很难划分，许多时候常常混为一谈。如果一定要把培训与开发区别开来，可以参照下列几方面：一是培训时间较短，开发时间较长；二是培训阶段性较清晰，开发阶段性较模糊；三是培训的内涵较小，开发的内涵较大。本书中不对培训与开发做严格区分，两个概念可以混用。

企业员工的培训与开发（简称培训）是指企业为了使员工获得或改进与工作有关的知识、技能、动机、态度和行为，以利于提高员工的绩效以及员工对企业目标的贡献，企业所做的有计划、有系统的各种努力。

从以上定义中，我们可以看出培训的一些特点：首先，培训的主要目的是提高员工的绩效和有利于实现企业的目标。其次，培训的直接任务是获得或改进与工作有关的知识、技能、动机、态度和行为。最后，培训主要包括有计划、有系统的各种努力。

（二）员工培训与开发的重要意义

员工培训与开发有许多重要意义，其中主要有以下几点：

第一，满足市场竞争的需要。市场的竞争在不断升级，从产品竞争到销售竞争到资本竞争，都离不开人力资源的竞争，不重视员工培训的企业在激烈的市场竞争中很难摆脱灭顶的厄运。

第二，满足员工自身发展的需要。每个员工都有一种追求自身发展的欲望，这种欲望如不满足，员工会觉得工作没劲、生活乏味，最终导致员工流失，尤其是优秀的员工，其自身发展的需要更加强烈。

第三，提高企业的效益。培训不但可以提高企业的短期效益，也可以提高企业的长期效益。在培训中下功夫，通过提高员工的素质来提高企业的效益是一件十分明智的事，许多成功企业的经验反复证明了这一点。

（三）员工培训的影响因素

影响员工培训的因素主要有两大类：外部因素和内部因素。

1. 外部因素

外部因素主要有以下几方面：

（1）政府。在任何一个国家内，政府对企业员工培训都有重大影响，例如，有些国家规定企业的员工必须经过某些培训，或规定每个员工每年最低培训时间，或规定什么岗位上的员工必须经过某种培训，等等。

（2）政策法规。各国、各地区的政策法规各不一样，这会影响到企业的员工培训。

（3）经济发展水平。一般来说，一个地区的经济发展水平较高，其使用的人力资源要求也较高，往往培训也较多，进而更推动其经济发展，成为一种良性循环，而在经济发展水平较低的地区，情景正好相反。这是一些地区经济发展水平拉大的一个重要原因。

（4）科学技术发展水平。一般来说，科学技术发展水平越高，企业员工培训将进行得越多。人们越重视科学技术的作用，人们也越愿意进行培训。

（5）工会。工会的一项主要任务是保护员工的利益，而培训既可以提高员工的素质，满足员工自身发展的需要，又可以提高员工的技能，增加员工的收入，改善员工的生活。工会促进培训是理所当然的事，尤其当员工下岗或失业时，工会在促进培训方面的作用将更大。

（6）劳动力市场。劳动力市场影响企业员工培训的作用是巨大的，当劳动力市场有大量符合企业需求的人力资源时，企业会自然而然地忽视培训；而当劳动力市场缺乏企业需求的人力资源时，企业又不得不重视培训。

2.内部因素

内部因素主要有以下几方面：

（1）企业的愿景与战略。一般来说，企业的愿景与战略较远大，就较重视员工的培训；反之，一些企业没什么愿景与战略，也较容易忽视员工的培训。

（2）企业的发展阶段。企业的发展阶段主要可以分为启动期、成长期、成熟期、保持期、衰退期、退出期（或再创业期）。在每个时期员工培训的内容与数量都会有变化。

（3）企业的行业特点。不同行业的企业对培训也有一定的影响。一般来说，第三产业和高新技术的企业进行培训较多，因为人力资源的好坏更加直接影响到企业的发展。

（4）员工的素质水平。研究表明，企业中员工素质水平较高，更渴望得到培训；而员工素质水平较低，反而更加排斥培训。

（5）管理人员的发展水平。这是影响员工培训最主要的因素。一般来说，管理人员的发展水平与重视员工培训的程度成正比。许多公司的管理人员发展水平较高，他们十分重视员工培训，结果在市场竞争中立于不败之地。

二、培训与开发的实施

培训与开发由三个阶段组成：前期准备阶段、培训实施阶段和评价培训阶段。整个培训过程，从培训需求分析开始，至评价结果的转移结束，通过评价培训阶段的不同步骤进行反馈，这样整个过程才是完整的一个实施过程。下面分三个阶段来阐述。

（一）前期准备阶段

前期准备阶段主要分为两个步骤：培训需求分析和确立目标。

1.培训需求分析

培训需求分析是指了解员工需要参加何种培训的过程，这里的需要包括企业的需要和员工本人的需要，一般以前者为主，但也要引发后者才能使培训有效。

（1）培训需求分析的参与者。在企业中，培训需求分析的参与者有以下一些人：人力资源部工作人员、员工本人、上级、同事、下属、有关项目专家、客户以及其他相关人员。

（2）现有记录分析。这是获取培训需求信息的重要方面。这些现有记录主要包括：产品数量、产品质量、废品率、缺勤率、客户投诉率、事故率、绩效评估、设备运作年报、生产年报、工作描述、聘用标准、个人档案等。

（3）培训需求分析的方法。主要有以下几种：个人面谈、小组面谈、问卷、操作测试、评价中心、观察法、关键事件、工作分析、任务分析等。

（4）解决员工绩效问题。从员工绩效问题中也可以分析出培训的需求，进而为确定培训目标做好准备。

2．确立目标

确立目标是指确立培训目标。可以根据培训需求分析来确立目标，确立目标时应注意以下几点：要和组织长远目标相吻合；一次培训的目标不要太多；目标应定得具体，可操作性强。

（二）培训实施阶段

培训实施阶段主要可以分为两个步骤：设计培训计划和实施培训。

1．设计培训计划

培训计划也可以是长期的计划，例如年度培训计划，但这里主要指一次具体的培训计划，其主要包括以下几方面：①希望达到的结果；②学习的原则，例如脱产、不脱产等；③组织的制约，例如部门经理必须参加等；④受训者的特点，例如新进员工、大学刚毕业、年龄在30岁以下等；⑤具体的方法，这主要包括时间、地点、培训教材、培训的方法（例如：讲授个案讨论、角色扮演等）；⑥预算，要根据培训的种类、内容等各方面因素，每人每天的预算可从200元至10000元不等。

2．实施培训

实施培训主要涉及以下几方面：

第一，确定培训师。要寻找到一位合适的培训师不是一件容易的事，企业要培养一位合格的培训师成本很高，而培训师的好坏直接影响到培训的效果。一位优秀的培训师既要有广博的理论知识，又要有丰富的实践经验；既要有扎实的培训技能，又要有吸引人的高尚人格。

第二，确定教材。一般由培训师确定教材，教材来源主要有四种：外面公开出售的教材、企业内部的教材、培训公司开发的教材和培训师编写的教材。一套好的教材应该是围绕目标、简明扼要、图文并茂、引人入胜。

第三，确定培训地点。培训地点的优劣也会影响到培训的效果。培训地点一般有以下几种：企业内部的会议室、企业外部的会议室、宾馆内的会议室。要根据培训的内容来布置培训场所。

第四，准备好培训设备。例如：电脑、电视机、投影仪、屏幕、放像机、摄像机、幻灯机、微型麦克风、翻页器、黑板、白板、纸、笔等。尤其是一些特殊的培训，需要一些特殊的设备，事前一定要准备好。

第五，决定培训时间。要考虑是在白天还是在晚上，工作日还是周末，旺季还是淡季，何时开始，何时结束，等等。

第六，发通知。要确保每一个应该来的人都收到通知，因此，最后有一次追踪，使每个人都确知时间、地点与培训基本内容。

（三）评价培训阶段

评价培训阶段主要可以分为五个步骤：确定标准、受训者先测、培训控制、针对标准评价培训结果和评价结果的转移。

1. 确定标准

标准和目标是息息相关的，只有确立了目标才能确立标准，标准又是为目标服务的，有了标准才能使目标具体化。确定标准的原则如下：①要以目标为基础；②要与培训计划相匹配；③要具体、可操作。

2. 受训者先测

受训者先测是指让受训者在培训之前先进行一次相关的测试，以了解受训者原有的水平，包括原有的知识、技能和态度。

受训者先测可以用纸笔测试，也可以用操作测试，还可以用情景测试，或用案例测试。受训者先测的主要作用如下：①有利于引导培训的侧重点；②为正确评价培训效果打下基础；③使受训者在培训之前就受到一次培训。

3. 培训控制

培训控制是指在培训过程中不断根据目标、标准和受训者的特点，矫正培训方法、进程的种种努力。因此，培训控制是与实施培训连在一起的。

培训控制要注意以下几点：①要注意观察，要善于观察；②要与培训师进行沟通；③要抓住培训目标的大方向；④与受训者及时交流，了解真实反映；⑤要运用适当的方式。

4.针对标准评价培训结果

经常用的方法是请受训者在培训结束后填写一份培训评价表。而设计出一份优秀的培训评价表是这一步骤的关键。一份优秀的培训评价表应该具有以下特点：①与培训目标紧密联系；②以标准为基础；③与受训者先测内容有关；④包括培训的一些主要因素，如培训师、培训场地、培训教材等；⑤包括培训的一些主要环节，如第一单元，客户服务部分、案例讨论方面等；⑥评价结果容易数量化；⑦鼓励受训者真实反映结果。

5.评价结果的转移

评价结果的转移是最重要的步骤，也是许多培训项目忽视的步骤。

结果的转移是指把培训的效果转移到工作实践中去，即工作效率提高多少，这和培训目标息息相关，因此，正确评价结果的转移是最终衡量一次培训是否有效果的关键。

评价结果的转移要注意以下几点：①要取得其他职能部门的支持。②评价工具要有效性高。③评价内容要具有可测量性，如销量、产品合格率、事故次数、出勤率、产量、耗油量、客户满意率等。④要有时间性，有的培训效果立竿见影，有的培训效果要在一段时间后才能见效，有的培训效果过了一段时间后会失效。⑤要真实，即使有的培训结果无转移，也要真实反映，这样才能吸取教训，以利于以后的改进。

三、培训与开发的方法与类型

员工的培训与开发的方法与类型是否恰当与最终结果有极大的关系。

（一）培训与开发的方法

企业中有许多培训方法可以运用，目前常用的有以下一些方法：

1.案例研究

这是一种培训员工做决策和解决问题的经典方法之一。这种方法的步骤是：首先让受训者阅读一则描述完整的经营问题或组织问题，然后要求受训者找出一个适当的解决方法。

案例研究的目的是培训受训者如何分析信息、如何产生一些方法，以及如何评价这些方法。案例研究通过口头讨论或书面作业来进行反馈和强化。通过案例分析，受训者学习如何把一些原则转移到现实的问题中去。由于费用较低，因此在企业培训和MBA教学中广泛运用。

2.研讨会

研讨会分两种：一种是以受训者感兴趣的题目为主，做一些有特色的演讲，并分发一些材料，引导受训者讨论；另一种除了上述内容外还加上一些其他方法，如案例研究、电影、游戏、角色扮演等。

研讨会一般在宾馆或会议中心举行，对人数有一定的控制。研讨会的效果好坏与培训师的水平关系密切。较差的研讨会效果只相当于授课，但较成功的研讨会由于结合了其他方法的长处，因此效果十分理想。

3.授课

授课是学校常用的方法，主要由培训者讲述知识，由受训者记忆知识，中间会穿插一些提问，由受训者来回答。

授课的效果完全取决于培训师的演讲水平，即使培训师的演讲水平很高，但培训效果仍不理想，主要原因是这种方法不太符合成人学习原则，而且它又是一种单向沟通，只用了视觉和听觉两种感知通道。

在企业培训中，授课只能作为一种辅助方法。

4.游戏

游戏可以分为两种：普通游戏和商业游戏。

普通游戏是指一些经过精心设计，表面上与其他游戏相差无几的活动，其实内含许多与管理或员工工作有密切关系的一类活动。普通游戏很受受训者的欢迎，他们很愿意参与，对其结果的分析，涉及工作的延伸，培训内容与技能较易掌握，是培训的一种较好方法，但设计要求较高。

商业游戏需要受训者做出一系列决策，每次做出决策不同，下一个情景也将变化，可以看作是案例研究的动态化，商业游戏可以是按一个市场划分，既可以按一家企业划分，也可以按一个职能部门划分。目前往往运用电脑来记录信息，计算出结果，时间跨度可以是半年，也可以是三年，实际操作时间只是在半小时至两小时之间。商业游戏效果良好，受训者参与性高，实用性也强，但是由于设计费用昂贵，企业租用费用也相对较高，因此限制了商业游戏的推广。

5.电影

电影与录像培训相似，是一种事先制作好的视觉教材，受训者通过看电影而获得培训。影带可以购买或租赁，也可以为某一家企业的特定需要而摄制。

电影具有以下优点：直观、能观察到许多过程细节、活动的物体容易记忆、容易引起视觉想象、可以重播。

电影也有一些缺点：受训者处在消极的地位、受训者无机会反馈或强化或实际操作、制作成本大或者不符合受训者实际情景。

6.计划性指导

计划性指导是指一种以书面材料或电脑屏幕提供阶段性信息的培训方法，在学习了每一阶段的材料后，受训者必须回答这一阶段的有关问题，每一回答后，会提供正确答案作为反馈。受训者只有通过前一阶段的所有问题，才能进入下一阶段的学习。

计划性指导具有以下优点：受训者可以根据自己的速度进行学习、反馈程度高又及时、对答对题的受训者提供激励、有很多机会做练习、不受时间与地点的限制。

计划性指导也有一些缺点：开发成本很高、学到的知识较难转移到工作情景中去。

7.角色扮演

这种方法往往在一个模拟真实的情景中，由两个以上的受训者相互作用，使其掌握必要的技能。这种方法比较适用于培训人际关系技能。受训者要扮演的角色常常是工作情景中经常碰到的人。例如：上司、下属、客户、其他职能部门经理、同事等。

角色扮演的效果较好，但主要取决于培训师的水平，如果培训师能做及时、适当的反馈和强化，则效果相当理想，而且学习效果转移到工作情景中去的程度也高。但是角色扮演的培训费用较高，主要原因是这种培训只能以小组进行，人均费用会提高。

（二）新进员工定向培训

新进员工定向培训，简称定向培训，是指向新聘用的员工介绍组织、介绍工作任务、介绍上级和同事为主的一种培训。大约有80%的企业进行这类培训，但并不一定规范，效果欠佳。

1.定向培训的目的

定向培训的目的主要有以下几点：①降低启动费用；②减少新进员工的焦虑与困惑；③减少新进员工的"跳槽"；④为主管和同事节省时间；⑤确立真实的工作期望；⑥培养积极的态度、价值观；⑦使新进员工养成良好习惯；⑧树立工作满意感。

2.定向培训的内容

定向培训主要涉及以下内容：①企业概况；②企业文化与经营理念；③企业主要政策和组织结构；④员工规范与行为守则；⑤企业报酬系统；⑥安全与事故预防；⑦员工权力和工会；⑧职能部门介绍；⑨具体工作责任与权力；⑩企业规章制度；⑪工作场所与工作时间；⑫新进员工的上级、同事、下级。

3. 定向培训的方法

定向培训时间从半天到三个月不等，主要根据企业的实际需要，一般以两至三天为佳。

定向培训常用的方法如下：①授课；②研讨会；③户外训练；④电影。

（三）管理人员培训

管理人员培训是目前企业中进行最多的一大类培训，主要对象是管理人员，有时也会让一些有可能成为管理人员的非管理人员参加。

1. 管理人员培训的目的

管理人员培训的主要目的有以下几点：①让未受过正规管理学习的管理人员掌握必要的管理技能；②让管理人员学习新的管理知识和先进的管理技能；③帮助管理人员树立正确的心态，以利于更好地领导、管理下级；④建立积极向上的企业文化；⑤提高企业的效益。

2. 管理人员培训的项目

管理人员培训的内容相当多，一些职能部门特定的培训项目之外，主要有以下一些项目：追求卓越心态、领导技能、人际关系技能、聆听技能、团队建设、时间管理、解决问题技能、决策技能、开会技能、信息沟通、授权、管理变化、员工指导、员工激励、公共演讲技能、目标管理、多元化管理、谈判技巧、计划、战略管理、憧憬策划、职工道德、阅读技巧、组织发展、企业再造等等。

3. 管理人员培训的方法

管理人员培训的方法主要有以下几种：①研讨会；②案例研究；③角色扮演；④T小组（敏感性训练小组）；⑤游戏。

（四）科技人员培训

科技人员培训目前主要集中在专业领域的学习，其实应该涉及其他方面的培训，才能更大程度地发挥科技人员的潜力。

1. 科技人员培训的目的

企业中科技人员培训的主要目的有以下几点：①开发出适合市场需求的产品；②主动为企业的战略目标做出贡献；③更加善于指导员工操作；④完成企业各项科技任务。

2. 科技人员培训的项目

目前，越来越多的企业重视科技人员综合素质的提高。因此，除了一些特定的专业培训之外，还进行以下一些培训项目：追求卓越心态、创造性思维训练、非财务人员的财务培训、非营销人员的营销培训、时间管理、沟通、职业道德、团队建设、员工指导、大众心理学、外语等。

3. 科技人员培训的方法

科技人员培训的方法主要有以下几种：①研讨会；②授课；③计划性指导；④案例研究；⑤电影。

人力资源管理篇

第六章　人力资源绩效管理

第一节　绩效管理概述

一、基本概念

（一）绩效

绩效是素质、行为和结果的统一，是在一定的时间内，以知识、技能等的投入，通过与组织目标相关的、可测量的、具有评价要素的工作行为和方法实现某种结果的过程。绩效包括员工绩效、部门绩效和组织绩效三个层次。员工绩效是指员工在工作过程中所表现出来的与组织目标相关的并且能够被评价的工作业绩、工作能力、工作行为和工作态度的总和。部门或组织绩效是指部门或组织在某一时期内，完成任务的数量、质量、效率，其中组织绩效中还要度量组织的盈利情况。员工绩效是部门绩效和组织绩效的基础，部门和组织绩效建立在员工绩效之上。

（二）绩效管理

绩效管理是指在特定的组织环境中，与特定的组织战略目标相联系的通过管理员工绩效达到提高组织绩效、实现组织目标的一个有效的完整系统。这样的系统可以开发团队、个体的潜能，使组织不断获得成功的管理思想和具有战略意义的、整合的管理方法，可以通过不断的沟通和交流来发展员工和管理者之间建设性的、开放的关系，并且可以给员工提供表达自己工作愿望和期望的机会。

（三）绩效考核

绩效考核又称为绩效评估、绩效考评或绩效评价，是指考核主体对照绩效目标、绩效标准，采用科学的考评方法，对员工的素质、工作行为和工作结果进行全面、系统、科学的分析、评估，并传递考核结果、处理结果申诉的过程。对应绩效的层次，绩效考核也分为员工、部门和组织三个层次的考核，在理论研究中，往往以员工绩效考核为基础和重点。

绩效考核本身不是目的，而是手段，其实质是为人力资源管理开发提供现有员工的信息，为员工的报酬、晋升、调配、培训、激励、辞退和职业生涯管理等工作提供科学的依据，它的合理与否，将深刻影响企业的经营管理与发展。

二、绩效管理与绩效考核的关系

（一）绩效管理与绩效考核的区别

绩效考核与绩效管理并不是等价的，绩效管理是人力资源管理体系中的核心内容，而绩效考核只是绩效管理中的关键环节。具体说来，绩效管理与绩效考核区别见表6-1[①]。

表6-1　绩效管理与绩效考核的区别

绩效管理	绩效考核
一个完整的管理过程	管理过程的局部环节和手段
侧重于沟通和绩效的提高	侧重于判断和评估
伴随管理活动全过程	只出现在特定的时期
事先沟通与承诺	事后的评估

绩效考核重点在于考核，管理者的角色是"裁判"。而绩效管理却着眼于员工绩效的改善，在绩效管理中，管理者的角色是"教练"，它的主要目的是通过管理人员对员工持续的沟通、指导、帮助或支持员工完成工作任务，这样的结果必然是实现员工个人绩效和组织整体绩效的"双赢"。

第一，绩效管理是一个联系着组织、团队和个人目标的完整系统，它将不同主体的需求整合在了一起；而绩效考核是这个系统的一个重要组成部分，是系统整合过程中的一个有效的管理工具。

第二，绩效管理是事前计划、事中管理和事后考核所形成的三位一体的系统，能帮助企业较早地发现问题、及时地解决问题和有效地规划企业和员工的未来发展方向；而绩效考核是事后考核工作结果，对过去一个阶段的成果进行总结和回顾。

第三，绩效管理是一个动态的过程，贯穿于整个日常工作中，注重对过程的管理和能力的培养，强调素质、行为和结果共同在绩效中发挥的作用；而绩效考核注重的是一个阶段的结果和成绩的大小，强调用科学的方法对绩效进行全面客观的评价。

第四，绩效管理有着完善的计划、监督和控制的手段和方法，侧重于信息的沟通，强调提升未来的绩效；而绩效考核只是提取绩效信息的一个手段，侧重于判断和评估绩效的高低，强调客观地反映过去的绩效。

---

① 杨红英.人力资源开发与管理[M].昆明：云南大学出版社，2014：171.

第五，绩效管理强调员工在组织的帮助下，通过持续的沟通和培训提升绩效，实现自我的持续发展，能建立管理者与员工之间的绩效合作伙伴关系；而绩效考核强调管理者对员工工作绩效的评定，可能会导致紧张的气氛和关系。

（二）绩效管理与绩效考核的联系

一方面，绩效考核是绩效管理过程中一个不可或缺的重要组成部分，绩效考核可以为绩效管理的改善提供所需的资料和信息，帮助员工提高实现绩效的能力，帮助企业提高绩效管理的水平和有效性，使绩效管理能够真正地帮助企业获得理想的绩效水平。

另一方面，绩效考核的成功与否，不仅取决于考核本身，而且在很大程度上取决于与考核相关的整个绩效管理过程，有效的绩效考核有赖于整个绩效管理活动的成功开展，反过来绩效管理过程的成功开展也需要有效的绩效考核来支撑。

三、绩效管理的理论基础

人力资源是企业的第一资源，而绩效管理又是企业人力资源管理的核心。有效的绩效管理是提高企业人力资源素质的关键，而企业有效绩效管理体系的建立和实施，有赖于对绩效管理理论基础的深入理解。绩效管理理论基础主要来源于管理控制论和组织行为相关理论两方面。

（一）管理控制论

1.控制论

控制论的主要思想是：无论是自动机器还是神经系统、生命系统，乃至经济系统、社会系统，撇开各自的质态特点，都可以看作是一个自动控制系统。这类系统中，有专门的调节装置来控制系统的运转、维持自身的稳定和系统的目的等功能。控制系统发出指令，作为控制信息传递到系统的各个部分，即控制对象中去，由它们按指令执行之后再把执行的情况作为反馈信息输送回来，为决定下一步调整控制提供依据。整个控制过程就是一个信息流通的过程，通过信息的传输、变换、加工、处理来实现控制。反馈对系统的控制和稳定起着决定性的作用，它是控制论的核心问题。

绩效管理体系是一连串循环往复的因果链；绩效管理体系所处的环境是不断变化的，因此绩效管理体系的控制所要达到的目的是某种稳态，本质上也是一种动态平衡。通过控制活动，能提供用来调整目标与手段的反馈信息。在具有既定的目标和既定的达到目标计划的情况下，控制职能包含着度量实际情况，把它们同标准对比，传出能用来协调组织活动、使之集中于正确方向并有利于达到动态平衡的信息。这一思想告诉我们，企业组织目标的实现必须依赖反馈控制原理，不断将企业目标执行的结果与既定目标对比并调整企业组织活动不脱离原目标方向。显然，这就是绩效管理能够控制企业组织战略目标实现的基本依据。

2. 系统论

系统是指由若干要素以一定结构形式联结构成的具有某种功能的有机整体。系统论是研究系统的一般模式、结构和规律的学问，是具有逻辑和数学性质的一门新兴科学。系统论的核心思想是系统的整体观念。任何系统都是一个有机的整体，它不是各个部分的机械组合或简单相加，系统的整体功能是各要素在孤立状态下所没有的性质。系统中各要素不是孤立存在的，每个要素在系统中都处于一定位置，起着特定作用。

作用于绩效管理时，这一理论主要体现在：首先，我们可以把企业管理看作是一个大的系统，且它本身也是社会大系统的有机组成部分。企业管理由许多子系统组成，包括人力资源管理系统，绩效管理作为人力资源管理甚至是整个企业管理的子系统，其水平高低对企业发展事关重大。其次，企业是一个开放系统，它同周围环境包括顾客、供应商、政府、竞争对手等不断进行着信息能量和物质交流，具有内部和外部的信息反馈网络，能不断进行调节，以适应环境和满足本身需要。企业管理中，员工、部门、组织整体绩效相互制约、影响，绩效管理与其他人力资源职能也是相互制约、相互影响的。最后，管理必须从企业组织整体出发去考虑和评价问题，包括从整体出发研究组织内各系统间的关系、组织与环境的关系，从整体出发协调、整合组织内各子系统的活动和工作。例如：企业绩效管理系统受人力资源管理系统甚至受公司战略、企业文化的制约。

3. 信息论

信息论是关于信息的本质和传输规律的科学理论，是研究信息的计量、发送、传递、交换、接收和储存的一门新兴学科。随着信息科学的发展，信息观念被引入企业管理系统。一个现代化的管理系统必须具有信息系统的功能，要能够对企业内部和外部的信息进行完整搜集、正确加工、迅速传递以及有效使用等，以保证信息流的畅通。

从信息论的角度看，管理过程实质就是信息过程。在绩效管理过程中，从绩效目标的制定、绩效考核到绩效结果反馈等过程中，无不存在着信息的流通过程。例如：绩效结果与目标信息的对比过程、绩效过程监控中的绩效信息反馈过程、绩效信息在绩效管理者和被管理者之间的信息沟通过程等。信息论的基本原理在绩效管理中的应用有助于在绩效管理中形成一种信息优势。绩效管理对信息的要求，可以归结为及时、准确、适用、经济。绩效管理结果如何，在很大程度上取决于信息的质量，信息是企业管理基础，没有良好的反馈系统，企业就无法对各种活动进行控制。

（二）组织行为相关理论

1. 目标设置理论

目标设置理论告诉员工需要做什么以及需要做出多大的努力，它探讨了目标具体性、挑战性和绩效反馈的激励作用。目标设置理论指出明确的目标能提高绩效，一旦我们接受了困难的目标，会比接受容易的目标带来更高的绩效，有反馈比无反馈带来更高的绩效。由于反馈的作用，个体就能够把它实际得到的奖赏与根据事实成绩所期望得到的奖赏联系起来。这种对比会影响到目标承诺水平的变化。

在绩效管理中，首先，目标的具体性本身就是一种内部激励因素，因为它提供了绩效标准，提供了与组织活动相关的计划和管理控制的基础，有助于确定所使用技术的性质，表明组织到底是什么样的，因此，具体的目标比笼统的目标效果更好。其次，目标越容易似乎越可能被接受，但是，目标设置理论假定在员工能力不变、目标的可接受性不变的条件下，目标越困难，绩效水平越高。因为一旦员工接受了一项艰巨的任务，在实现该目标、降低该目标的难度，直至放弃该目标以前，他或她都会投入较多的努力。最后，当人们获得了在朝向目标的过程中做得如何的反馈时，人们会做得更好，因为反馈能证明所采取的行动是否合理，能帮助人们认清已做的和要做的之间的差距，它还可以作为评估变革和组织发展的基础，为决策提供指导。

2. 成本收益理论

成本收益理论属于管理经济学的范畴，其内容主要是：管理活动是一种价值产出，任何一项管理职能存在的意义在于将管理活动视为一种价值产出，以实现收益最大化为目标。

绩效管理作为人力资源管理活动的一个核心组成部分，其与企业的效益之间到底存在着什么样的关系？如何调整企业的绩效管理投入才是有效而又经济的？诸如此类问题的回答，都将有助于企业的管理实践。所以，研究绩效管理的成本和收益，探讨绩效管理与企业效益之间的关系，对于优化企业的资源配置，提升企业绩效具有现实的指导意义。

作用于绩效管理时，从员工角度讲：员工是否配合绩效管理，取决于员工是否预见到收益最大化；从企业角度讲：绩效管理直接成本和机会成本之和应小于绩效管理所带来的现实收益与潜在收益之和，只有这样，出资者才存在实施绩效管理的经济学理由。

3. 目标一致性理论

目标一致性理论由日本学者中松义郎在《人际关系方程式》一书中提出，指处于群体中的个人，只有在个体方向与群体方向一致的时候，个体的能力才会得到充分发挥，群体的整体功能水平也才会最大化。如果个体在缺乏外界条件或者心情抑郁的压制状态下，就很难在工作中充分展现才华，发挥潜能，个体的发展途径也不会得到群体的认可和激励，特别是在个人方向与群体方向不一致的时候，整体工作效率必然要蒙受损失，群体功能水平势必下降。个人潜能的发挥与个人和群体方向是否一致之间，存在着一种可以量化的函数关系，据此他提出了目标一致理论。

在绩效管理的过程中，也要有效地将个人绩效目标和部门（组织）绩效目标进行一致化处理。如：保持评估指标与评估系统目标的一致性、评估指标与评估目的的一致性、评估目的与系统目标的一致性。

4. 组织公平感理论

从组织行为学角度讲，组织公平感源于分配公平感、程序公平感和互动公平感。组织公平感是指组织或单位内人们对与个人利益有关的组织制度、政策和措施的公平感受。组织中的公平可以划分为两个层面：第一个层面是组织公平的客观状态，这一层面上人们可以不断地改善和发展各种组织制度、建立相应的程序和措施来达到组织公平，但绝对的、终极的组织公平是很难实现的；第二个层面是组织成员对组织公平的主观感受。从组织行为学的角度上讲，后者更为重要。

在绩效管理过程中，员工的组织公平感主要来自三方面：

（1）分配公平感与绩效管理。分配公平感是指员工对组织报酬的分配结果是否公平的感受。如果员工产生不公平的感受，将导致员工降低其工作绩效，与同事合作减少，降低工作质量甚至产生偷窃行为等。这一研究的结果即公平理论。

（2）程序公平感与绩效管理。不公平感通常来自对结果的感受，但用什么方法和过程来保证结果的公平，就涉及程序公平感的问题。程序公平感是指员工对用于做出报酬决策的方法是否公平的感受。在绩效评估过程中，影响人们对评估过程公平性认识的五个因素分别是：在进行评估之前要求得到员工的建议，在评估过程中也要求适当采用员工的建议；评估过程中存在着双向交流；员工有能力对评估过程或评估结果提出质疑或反驳；评估者要熟悉员工的工作；采用的评估标准要前后保持一致。

（3）互动公平感与绩效管理。互动公平感指的是个人所感受到的人与人之间交往的质量。不论分配结果是否公平，员工最早获得了这些信息，而且会对这些信息产生反应，信息提供者需要对员工的反应提供回应。互动公平感一方面受绩效管理过程中管理者与员工人际关系的影响，在绩效评估过程中上级是否有礼貌地对待下属，是否尊重下属的尊严会严重影响到员工的互动公平感，从而影响到员工对于上级所进行的绩效管理的满意度；另一方面还受管理者与员工之间的工作关系的影响，管理者能否把员工完成工作所需的信息完全传达给员工，员工能否正确地按上级管理者的指示工作，这些工作中产生的相互关系，可以影响上下级之间的人际关系。

5.信息市场理论

信息市场理论属于信息经济学的范畴，其内容主要是：信息是一种特殊形式的商品，当取得一项信息所支付的成本大于使用该信息所获得的效益时，该项信息具有"负价值"；反之，该信息则具有"正价值"。

信息市场理论把信息看作一种特殊形式的商品，在进行绩效管理过程中应充分认识到信息的特性，考虑信息成本。新的信息技术手段为员工的绩效管理提供了功能强大的管理工具。这些工具包括战略地图、平衡计分卡、数字仪表盘以及绩效管理软件。这些方法的核心思想就是为每个团队设定目标，并在个人电脑系统上利用信息技术工具对其进行持续的监控，查看每个团队的工作状况。这让管理层对公司的运作状况能有一个概括性的把握，管理层可以了解到为了达到公司战略目标员工都做了什么，公司是否确实在实现这些目标，同时考虑到为了获取这些信息所花费的成本。

第二节　绩效管理的实施

绩效管理的实施可以分为绩效计划、绩效监控、绩效评价和绩效反馈四个环节。

一、绩效计划

绩效计划作为绩效管理的第一环节，也是绩效管理成功的关键环节。在新的绩效周期开始时，各级管理者需要与员工一起，在组织使命、核心价值观、愿景和战略的基础上，共同制定出一套具有系统性、协同性和可操作性的绩效计划体系，并就员工在该绩效周期内要做什么、为什么做、需要做到什么程度、何时做完以及员工的决策权限等问题进行讨论，促进相互理解并达成协议。

（一）绩效计划的内涵

在全球化、信息化和网络化时代，组织发展所面临的宏观与微观环境无时无刻不在发生着变化，企业要想生存和发展，比以往任何时候都需要系统化的前瞻性思考，管理者必须具有远见并为未来做好准备，否则就会陷入难以预见和无法拯救的困境。计划是对未来的预想及使其变为现实的有效方法的设计，是对未来进行预测并制订行动方案。计划既是制定目标的过程，又是这一过程达成的预期目标，既涉及目标（做什么），又涉及达到目标的方法（怎么做）。计划的目的和作用在于给出行动的方向，尽量避免变化的冲击，减少浪费和冗余，设立标准以利于控制。

绩效计划作为一种重要的计划形式，具有计划的一般功能和特点。绩效计划既包括对工作绩效有目的地进行计划的过程，又包括这一过程形成的计划协议。绩效管理系统通过

人力资源管理篇

绩效计划来连接战略与运营，使管理中的计划职能得以实现。绩效计划作为绩效管理的首要环节，也是谋划绩效管理的关键环节，在绩效管理系统中具有非常重要的作用。作为绩效管理系统闭合循环中的第一个环节，绩效计划是在新绩效周期开始时，管理者和员工经过一起讨论，就员工在新的绩效周期将要做什么、为什么做、须做到什么程度、何时应做完、员工的决策权限等问题进行识别、理解并达成绩效目标协议。也就是说，绩效计划是管理者和员工就工作目标和标准达成一致意见，形成契约的过程。它是整个绩效管理过程的起点，但并不是说绩效计划一经订立就不可改变，由于环境总是在不断地发生变化，在计划实施的过程中往往需要根据实际情况不断地调整绩效计划。

因此，本书认为，绩效计划是指当新的绩效周期开始时，管理者和员工依据组织的战略规划和年度工作计划，通过绩效计划面谈，共同确定组织、部门以及个人的工作任务，并签订绩效目标协议的过程。绩效计划的内涵重点包含以下几方面：第一，实现组织的战略目标是绩效计划的目的；第二，确定绩效目标、绩效指标、绩效评价标准以及行动方案是绩效计划的主要内容；第三，绩效计划面谈是绩效计划的重要环节；第四，签订绩效协议是绩效计划的最终表现形式。

（二）绩效计划的类型及原则

1.绩效计划的类型划分

根据不同的分类标准，可以将绩效计划分为不同的类别。根据绩效层次的差别，可以将绩效计划分为组织绩效计划、部门绩效计划、个人绩效计划；根据不同人员在组织系统内人员岗位层次的不同，可以将绩效计划分为高层管理者绩效计划、部门管理者或团队领导绩效计划、一般员工绩效计划；根据绩效周期的差别，可以将绩效计划分为任期绩效计划、年度绩效计划、半年绩效计划、季度绩效计划、月度绩效计划、周计划甚至日计划等。各类绩效计划并不是独立的，而是相互影响、相互渗透、相互融合的。在绩效管理实践中，最普遍的分类方式通常是组织绩效计划、部门绩效计划、个人绩效计划。

（1）组织绩效计划。组织绩效计划是对组织战略目标的分解和细化，组织绩效目标通常都是战略性的目标。组织绩效目标和绩效指标是整个绩效计划体系的指挥棒和风向标，决定着绩效计划体系的方向和重点。

（2）部门绩效计划。部门绩效计划的核心是从组织绩效计划分解和承接而来的部门绩效目标体系，是在一个绩效周期之内部门必须完成的各项工作任务的具体化。同时，部门绩效计划还需要反映部门职责相关的工作任务。

（3）个人绩效计划。个人绩效计划包含组织内所有人员的绩效计划，即包括高层管理者绩效计划、部门管理者绩效计划以及员工绩效计划。高层管理者绩效计划直接来源于组织绩效计划，是对组织绩效目标的承接；部门管理者绩效计划直接来源于部门绩效计划，是对部门绩效目标的承接；员工绩效计划是对部门绩效计划的分解和承接，同时也反映个人岗位职责的具体要求。

2. 制订绩效计划的原则

在制订绩效计划的过程中，无论是制订组织绩效计划、部门绩效计划还是个人绩效计划，都应该遵循一些基本原则，具体如下：

（1）战略性原则。在制订绩效计划时，必须坚持战略性原则，即要求在组织使命、核心价值观和愿景的指引下，依据战略目标和经营计划制订组织绩效计划，然后通过目标的分解和承接，制订出部门绩效计划和个人绩效计划。

（2）协同性原则。绩效计划体系是通过以绩效目标为纽带形成的全面协同系统。在纵向上，要求依据战略目标和经营计划制定的组织绩效目标、部门绩效目标和个人绩效目标是一个协同的系统。在横向上，业务部门和支持部门的目标也需要相互协同，特别是支持系统需要为业务部门达成绩效目标提供全面的支持。

（3）参与性原则。在制订绩效计划的过程中，管理者必须与员工进行充分的沟通，确保组织战略目标能够被组织所有员工正确地理解。同时，管理者还需要认真倾听员工的各种意见，妥善处理各方利益，确保绩效计划制订得更加科学合理。总之，通过全员参与绩效沟通，确保管理者和员工都对绩效计划中绩效目标、绩效指标、绩效标准、行动方案等内容达成共识，以保障在签订绩效协议的时候，做出充分的承诺。

（4）SMART原则。SMART原则是重要的操作性管理原则。在制定绩效目标和绩效指标的过程中，特别是在制定绩效目标时，需要遵循SMART原则。SMART原则的具体含义如下：

第一，绩效目标应该是明确具体的。"S"（Specific）是指绩效目标应该尽可能地细化、具体化。只有将这种要求尽可能表达得明确而具体，才能够更好地激发员工实现这一目标，并引导员工全面实现管理者对他的绩效期望。例如，某客户经理的绩效目标为"3天内解决客户的投诉"，而不是"尽快解决客户投诉问题"；人力资源部培训主管的绩效目标是"第一季度20%的时间用于培训新员工"，而不是"要利用淡季进行员工培训"等。

第二，绩效目标应该是可衡量的。"M"（Measurable）是指目标要能够衡量，就是可以将员工实际的绩效表现与绩效目标相比较，即应该为绩效目标提供一种可供比较的标准。绩效目标通常通过绩效指标和绩效标准来体现可衡量的特征。例如，客户经理的绩效目标为"提高客户满意度"，衡量该目标的绩效指标之一是"回复客户投诉率"，绩效标准则是"24小时内答复投诉问题"。需要指出的是，可衡量并不一定要绝对量化。

第三，绩效目标应该是可达到的。"A"（Attainable）是指目标通过努力就能够实现，即做到目标切实可行，使目标能"蹦一蹦，够得着"。切实可行是在两者之间找到一个最佳的平衡点，即一个员工通过努力可以达到的可行的绩效水平。因此，在绩效目标制定过程中，管理者和员工需要充分沟通，共同制定具有很强可行性的绩效目标，而不是一味为了追求高绩效，盲目利用行政手段和权力，强加给员工的高绩效目标。

第四，绩效目标应该与战略相关联。"R"（Relevant）是指绩效目标体系要与组织战略目标相关联，个人绩效目标要与组织绩效目标和部门绩效目标相关联。与战略相关联原则要求在制定绩效目标时，应对组织战略有清晰明确的界定，同时在分解和承接过程中，要避免错误推理而制造出看似漂亮，但对组织战略无贡献甚至适得其反的绩效目标。

第五，绩效目标还应该有时限性。"T"（time-bound）就是指实现目标需要有时间限制。这种时间限制实际上是对目标实现方式的一种引导，要求确定工作任务的权重、事情的轻重缓急、员工的工作能力，确定完成绩效目标的最后期限，并确定项目进度安排，据此对绩效目标进行有效的监控，以便在出现问题的时候，能及时对员工进行绩效辅导。

（三）绩效计划的关键

1.必须承接组织战略

绩效管理的战略性原则集中体现在绩效管理的实施要支持组织战略，这要求绩效管理系统围绕组织战略进行设计，即关于绩效管理的五项关键决策都要服务于企业战略目标的实现。具体到绩效计划环节，就是要将企业的战略目标清晰明确地转化为部门直至每个员工个人的绩效目标，使每个员工的工作行为、方式和结果能够有效促进组织绩效的改进。因此，绩效计划的核心是确保各个部门和工作团队中每个职位上员工的绩效目标与组织的战略目标协调一致。

2.应当面向绩效评价

绩效计划的实施，必须得到客观公正的评价才能形成有效的绩效信息，并推动绩效管理战略目的、开发目的和管理决策目的的实现，因此，评价是绩效管理的核心环节。这也要求绩效计划环节应当面向评价，在绩效计划环节就必须解决好"评价什么"和"多长时间评价一次"两个问题。

第一，确定"评价什么"。所谓评价什么，即评价内容，是指如何确定绩效评价指标、指标权重及其目标值。广义的评价指标通常包括工作业绩类指标和态度类指标。一般情况下，态度类指标在职位说明书中进行界定，工作业绩类指标则需要根据企业战略和部门职责具体分析确定。设计与组织和部门战略匹配的员工评价指标，是绩效管理实现战略目的的保证。只有设计有效的评价指标体系，通过对员工工作绩效的有效衡量和评价，才能将组织战略转化为员工的日常行动，从而有效地实现组织的战略。

第二，确定"多长时间评价一次"。所谓多长时间评价一次，是指如何确定绩效评价的周期。评价周期的设置应尽量合理，不宜过长，也不能过短。如果周期太长，评价结果会出现严重的"近期误差"，而且这样也不利于个人的绩效改善；如果周期太短，一方面工作量很大，另一方面许多工作绩效尚无法体现出来。一般说来，评价周期的长短，与多种因素相关，应当根据具体的因素确定。

3.注重员工参与和承诺

在通常情况下，人们对于自己亲自参与做出的选择投入程度更大，从而增加了目标的可执行性，也增加了员工对绩效计划的认可度，有利于目标的实现。绩效计划是一个双向沟通的过程。管理者和员工之间的充分沟通，有利于就绩效目标达成共识，制订具体的计划，确定绩效标准，签订正式的绩效计划。另外，充分沟通也有利于员工对自己的绩效计划内容做出公开承诺，促使其履行自己的工作计划。

二、绩效监控

绩效监控是指在绩效计划实施的过程中，管理者与员工通过持续的绩效沟通，采取有效的监控方式对员工的行为及绩效目标的实施情况进行监控，并提供必要的工作指导与工作支持的过程，其目的是确保组织、部门及个人绩效目标的达成。

（一）绩效监控关注的内容

绩效监控是对绩效计划实施情况的全面监控，主要进行全面的绩效沟通和提供及时的绩效辅导，并收集相关绩效信息。绩效计划的内容和重点不一样，绩效监控也随之表现出不同的特点。通常情况下，为实现组织绩效目标和战略目标，管理者需要监控组织、部门和个人等绩效计划的执行情况。为了确保组织战略目标的实现，绩效监控通常重点关注如下几方面的具体内容：

1.组织系统协同

组织协同是一个系统性工作，也是组织获得高绩效的重要条件，其目的在于创造各部分之和大于整体的综合效应。管理者对组织系统协同性监控的目的，是确保所有人的工作行为和工作产出都能为实现组织战略目标服务。协同的实质就是围绕战略整合组织，实现密切配合和协同作战。组织协同通常围绕企业的价值创造战略展开，价值创造战略通常需要考虑企业价值主张和客户价值主张的一致性问题（价值创造战略＝企业价值主张＋客户价值主张）。企业价值主张，也叫企业价值定位，是为创造企业价值所设定的跨业务单元的目标，是公司总部为下属单位所界定的战略大纲。组织协同通常是自上而下的协同，即由公司总部阐述企业价值主张，然后交由各战略业务单元执行。理想的组织协同需要企业总部清晰地了解竞争环境和每一个战略业务单元的优缺点，并以此来制定和贯彻企业价值主张。客户价值主张通常是指战略业务单元所坚持的关于其怎么面对客户的价值主张，如总成本最低、产品领先、全面客户解决方案，或者系统锁定等。明确的客户价值主张有利于高层管理者认可战略业务单元，并能以此为基础进行合理的资源配置，从而确保战略得以有效执行。

组织协同的监控是一个流程，常常通过整合或延长价值链来创造协同效应。在基于平衡计分卡的价值创造体系中，通过四个层面的目标体系相互协同来创造协同效应，具体则体现在这四个层面都需要体现企业价值定位，在绩效监控上则需要聚焦核心的监控指标。

当企业把各个分散经营的业务单元和职能单元的不同工作协同在一起时，将会产生一种额外的价值，即企业衍生价值。与优秀的赛艇舵手为具有优秀素质的划桨手提供一个协同发挥的舞台一样，高效的企业总部也能整合与协同业务单元和职能单元，围绕企业价值主张，创造出高的衍生价值。这要求企业总部能清晰阐述企业价值主张，并通过由上至下的管理流程使业务单元、职能部门和外部合作伙伴之间产生协同效应。这个流程通常包括如下四个步骤：第一，实现企业总部与业务单元的协同；第二，整合内部支持和服务部门；第三，实现组织与外部组织协同；第四，协同全体员工。创造组织协同效应从来都不是一蹴而就的，它是一个持续的管理过程，并且随着公司战略的调整，由公司高层领导做出及时的反应和明确的工作安排。

2. 关键业务流程

关键业务流程是构筑企业竞争优势的战略性流程，对关键业务流程进行全面、系统、动态的监控和改进，有利于改善运营短板和提升资源配置效果，有利于持续提升组织绩效和达成组织战略目标。关键业务流程的确定始于企业的客户价值主张，不同的客户价值主张所关注的关键业务流程也不同。总成本最低战略聚焦于降低成本、提高质量以及缩短供应、生产、分销和服务交付周期。全面客户解决方案战略则关注目标客户的选择、获得以及加深与目标客户的关系。产品领先战略注重发掘创新机会、提高产品研发的技术和管理能力以及对上市时机的准确把握。系统锁定战略则致力于提高产品和服务平台的标准化等级以及与辅助厂商开展良好合作。

管理实践表明，全面质量管理和流程再造思想在对战略目标与流程改进计划的协同上存在着显著不足。企业应该根据客户价值主张，厘清价值创造的流程，识别能够产生战略差异化的关键业务流程，并对阻碍绩效持续提升的流程设计进行改善。对企业的全部业务流程进行梳理并根据企业价值主张区分流程的战略优先级，是流程监控和改进计划的关键控制点，其中鲍德里奇质量标准、卡普兰和诺顿对企业流程的分类有助于对企业流程进行有效监控。

3. 个人绩效

组织各层次的绩效都是由人创造的，整个绩效监控体系的落脚点是个人绩效的监控。

通常，组织协同性和关键业务流程监控，在很大程度上也是通过对个人绩效的有效监控来实现的。如果在个人绩效监控中发现问题，管理者应该与员工进行及时沟通，深入分析存在问题的原因，搞清楚到底是因为组织协同和工作流程等组织制约因素造成，还是个人原因影响，以便及时有效地采取应对措施。

个人绩效监控一般需要通过绩效监控表对绩效监控过程进行规范和记录，以确保绩效信息的完整性和准确性。

（二）绩效监控的过程

良好的绩效表现不会自动获得，正如庄稼不会播种后就自动获得丰收。在绩效计划执行过程中，只有持续不断地进行绩效监控，才可能得到预期的绩效结果。绩效监控作为连接绩效计划和绩效评价的中间环节，是一个持续的沟通过程，起始于绩效协议的签字确认，终止于绩效评价。绩效协议签订之后，管理者就需要对绩效计划执行情况进行监控，与员工进行充分的绩效沟通，针对存在的问题提供必要的辅导，并对沟通和辅导过程中收集的绩效信息进行汇总，为绩效评价提供准确有效的绩效信息。

管理者一般通过抓住监控过程中的关键问题来提升监控的效率和改善监控的效果。这些问题主要包括：第一，围绕组织战略的实现和绩效目标的达成进行持续沟通，以保障在绩效计划实施过程中能及时发现问题，并能够提出解决方案。第二，针对绩效监控过程中发现的问题，进行及时的绩效辅导，为员工实现绩效提升提供支持，并修正工作任务实际完成情况与目标之间的偏差。第三，正确理解绩效沟通和绩效辅导的关系。虽然绩效辅导与绩效沟通的目的都是帮助员工达成绩效目标，但绩效沟通是贯穿整个监控过程的双向沟通，绩效辅导仅在出现问题时才出现，并且是指管理者通过沟通的形式帮助员工达成绩效目标的行为。第四，进行绩效信息收集，特别是记录员工工作过程中的关键事件或绩效数据，为绩效评价提供信息。

（三）绩效监控的方法

严格来讲，确保组织战略目标顺利实现的所有沟通方式都可以作为绩效监控的方法，管理者需要了解每种绩效监控方法的优缺点，并能针对具体情况选择一种或多种监控方法。本书在此介绍三种最常用的绩效监控方法。

1.书面报告

书面报告是绩效监控中最常用的一种方法，主要是指下级以文字或图表的形式向上级报告工作进展的情况。书面报告可以分为两种类型：一类是定期的书面报告，如工作日志、周报、月报、季报、年报等；另一类是不定期的书面报告，主要是在绩效管理实践中，对绩效影响重大的工作所做的各种专项报告，可以根据工作进展的情况做具体的安排。

书面报告能提供大量、全面的绩效信息，也可以在管理者与员工无法面对面沟通的时候进行及时的监控。在具体使用该方法时，需要注意以下三点：第一，汇报内容需要做到重点突出；第二，尽量通过绩效信息平台做到绩效信息的共享；第三，与其他方法组合使用，确保信息的双向沟通并避免汇报内容的形式化。

2.绩效会议

绩效会议是指管理者和员工就重要的绩效问题通过召开会议的形式进行正式沟通的绩效监控方法。为了使绩效会议能达到预期目的，管理者需要注意绩效会议的目的、过程以及基本技术等关键点。

召开绩效会议的目的主要包括以下几方面：对绩效实施情况进行例行检查；对工作中暴露的问题和障碍进行分析和讨论，并提出必要的措施；对重大的变化进行协调或通报；临时布置新任务。

虽然绩效会议形式有差别，但是一般都包含如下几个基本步骤：会议准备、确定议程、进行会议沟通、达成共识、制订行动方案等。通常需要做好会议记录，并将会议记录及时反馈给所有与会者。

为了达到有效监控的目的，管理者在召开绩效会议时要注意以下几点：营造平等和谐的氛围；给予员工充分的表达机会，充分挖掘员工的积极性；会议目的具体、明确，不开无谓和冗长的会议等。

3.走动式管理

美国管理学者彼得斯（Thomas J. Peters）与沃特曼（Robert H. Waterman）在《追求卓越》一书中提出了"走动式管理"（management by wandering around 或 management by walking around，MBWA）的概念，具体指高层管理者为了实现卓越绩效，利用时间经常抽空前往各个办公室走动，以获得更丰富、更直接的员工工作相关信息，并及时了解下属员工工作困境的一种策略。走动式管理不是说管理者到各部门随便走走，而是通过非正式的沟通和实地观察，尽量收集第一手绩效信息，发现问题或潜在危机，并配合情境做出最佳的判断。同时，走动式管理也是对员工汇报的绩效信息进行核查的过程，带着问题到工作实践中去分析原因和排除障碍。

在使用走动式管理进行绩效监控的时候，管理者需要注意以下几点：第一，需要走进基层和一线，接触工作实际，通过现场的观察和沟通来了解员工的工作进度、实际困难和潜在能力，并获得他们的信任与尊重。第二，不一定每次走动都能获得重要的信息，但是管理者经常走动对重大绩效事故的防范有很大的帮助，不必等到事故发生之后再焦头烂额地处理。第三，走动式管理不仅是一种有效的绩效监控的方法，更是一种情感管理、现场管理方法。在使用走动式管理的时候，管理者需要思考如何实现管理方法和领导艺术的有效融合，有效提升组织绩效，从而使组织获得持续的竞争优势。

三、绩效评价

（一）绩效评价的内涵

绩效评价一般包含三个层次：一是对组织绩效的评价；二是对部门绩效的评价；三是对个人绩效的评价。管理者进行绩效管理的目的是通过个人绩效、部门绩效和组织绩效的提升实现组织的战略目标。因此，本书提到的"绩效评价"是对组织绩效、部门绩效和个人绩效进行评价的广义概念。

绩效评价（performance appraisal，PA）是指根据绩效目标协议所约定的评价周期和评价标准，由绩效管理主管部门选定的评价主体，采用有效的评价方法，对组织、部门及个人的绩效目标完成情况进行评价的过程。不论评价组织绩效、部门绩效还是个人绩效，都要以绩效计划阶段设定的相关目标、指标、目标值等内容为依据。实施有效的绩效评价是组织管理过程中必不可少的工作，具有非常重要的意义。

第一，绩效评价能够助推组织战略目标的实现。绩效评价的内容具有行为导向作用，能够使个体行为聚焦于组织战略。组织想要实现既定战略目标，必须界定清楚与战略相关的目标是什么、通过员工什么样的行为和结果能够达成战略目标，然后将这些内容转化为绩效评价的内容传递给组织内所有成员。换句话说，评价内容直接由组织战略决定，绩效评价时使用哪些指标、如何定义这些指标，都是在向组织成员传达组织重视什么方面的表现、要求员工具备哪些能力和什么样的工作态度等信息。绩效评价这种引导和传递的作用能够让组织成员的工作行为和结果指向组织战略，从而有利于组织战略目标的实现。

第二，绩效评价能够促进绩效水平的提升。管理者通过对组织绩效、部门绩效和个人绩效的评价，能够及时发现存在的绩效问题。通过及时的沟通和反馈，分析个人层面、部门层面和组织层面存在的导致绩效不佳的原因，制订并切实执行绩效改进计划，从而提高各层面的绩效水平。

第三，绩效评价结果能够为各项人力资源管理决策提供依据。绩效评价的结果是组织制定薪酬决策、晋升决策、培训与开发决策的依据，只有将绩效评价的结果与人力资源管理的相关决策紧密联系起来，才能对所有成员起到激励和引导的作用，同时也能提高各项人力资源管理决策的可接受程度。

（二）绩效评价的过程

绩效评价是绩效管理中技术性最强的环节之一，也是管理者非常关心的内容。绩效评价就是一个收集信息、整合信息、做出判断的过程。

1. 确立评价目标

一般意义上的评价除了可以对评价对象做出基本的判断之外，还可以用于选择和预测，并发挥导向作用。绩效评价作为绩效管理系统中的关键环节，其最核心的目标就是通过它的选择、预测和导向作用实现组织的战略目标。不论是评价组织绩效、部门绩效还是个人绩效，都要基于这个共同的目标，所以我们必须将评价组织绩效、部门绩效与个人绩效联系起来考虑如何进行绩效评价系统的设计。

绩效评价的对象不同，绩效评价的工作也不同。一般来说，绩效评价包括三种评价对象：一是组织绩效；二是部门绩效；三是个人绩效。评价员工个人、部门负责人或高层管理者的绩效关系到奖惩、升降等人力资源管理的决策问题，而评价组织绩效和部门绩效关系到组织、部门的发展和重点任务等问题。另外，评价个人绩效也会由于其在组织中的地位以及工作性质的不同而影响评价系统中的其他要素。例如，对于基层普通成员的绩效评价主体就不会涉及下级，而对于基层管理者的绩效评价主体往往可以包括他的直接下级；不同职位的个人之间绩效评价标准也有很大的不同。

2. 建立评价系统

评价系统应当包括确立合理的评价指标和评价标准，选择适当的评价主体等。绩效评价指标决定了对评价对象的哪些方面进行评价。不论是评价组织绩效、部门绩效还是个人绩效，绩效评价系统关心的都是评价对象与组织战略目标明显相关的行为因素，这些行为因素通过绩效评价指标体现。

绩效评价标准指的是用于判断评价对象绩效优劣的标准，可以分为绝对评价标准和相对评价标准两类。绝对评价标准指的是客观存在的评价标准，而相对评价标准指的是通过对比和排序进行评价的标准。进一步地，绝对评价标准又可分为外部导向的评价标准和内部导向的评价标准两类。其中，外部导向的评价标准指的是以其他组织的绩效为评价标准，而内部导向的评价标准指的是评价标准来源于组织内部，通常是根据相关部门或人员过去的绩效情况来确定的。我们所熟悉的标杆法（benchmarking）就是典型的外部导向的绩效标准。

所谓评价主体，指的是那些直接从事评价活动的人。一般来说，企业的组织绩效评价主体是企业的外部出资者，政府的组织绩效评价主体是上级领导或主管部门。在评价个人绩效时，评价主体则要根据评价指标的相关特征进行选择。

3. 收集绩效数据

准确的数据是评价公正性的重要保障，绩效评价的一个主要目的是把管理从依靠直觉和预感转变为以准确的数据和事实为依据。在绩效监控阶段收集的数据一般是零散的，因此，有必要把这些零散的数据整理成系统的体系。在绩效监控阶段，我们往往记录了一些关键事件，此时对这些关键事件要在不带任何主观色彩的条件下进行分析、界定、归类，然后将所记录的关键事件、绩效结果和文档归入相应的评价标准的级别中。可以说，不带任何主观色彩是很难做到的，但主观判断必须是科学的、反映客观事实的，这就需要评价者具有较高的职业素养和丰富的经验。

4. 处理绩效信息

处理绩效信息就是运用具体的评价方法来确定评价结果的过程。评价要根据组织的特点、评价对象的职位特点、评价内容和评价目的，选择合适的方法和形式。高层管理人员的评价指标主要是围绕战略的实施展开的相关指标和管理状况，述职的形式恰好能够达到这样的目的。中层管理者、业务和操作人员的评价相对就比较简单。也就是说，评价的关键在于指标的设计和评价体系的建立，有了好的评价体系，评价过程就会容易得多。

5. 输出评价结果

通过使用适当的评价方法进行评价后，就要对评价对象做出一个具体的评价结果。评价结果不仅是好坏的评价或者简单的绩效得分及绩效排名，而且应当对绩效不佳的具体原因进行分析，以便在下一个绩效管理周期加以改进。需要再次强调的是，绩效管理不是为了简单的评价，更重要的是为了运用绩效评价的结果。只有详尽的绩效评价输出结果，才能为进一步的绩效反馈和结果应用提供依据。

（三）绩效评价的内容

所谓评价内容，就是"评价什么"。在绩效管理过程中，为了检验组织的战略目标是否达成，我们需要对组织与员工的绩效表现进行有效评价。确定绩效评价内容，明确具体的目标、指标和目标值则是其中的关键一环。依据绩效评价的类型差异，对于绩效评价的内容也可以从两方面进行阐释：一是依据评价的具体指向，可以将绩效评价内容分为业绩评价和态度评价；二是依据绩效评价内容的层次，可以将其分为组织评价、部门评价和个人评价。

1. 业绩评价和态度评价

工作业绩评价和工作态度评价是绩效评价重要的两部分，二者相互联系、相互影响，共同构成促进绩效管理目标实现的绩效评价系统。由于评价的具体指向不同，这两类评价具有不同的特征。

（1）业绩评价。

业绩评价是绩效评价最核心的内容。与组织战略目标实现相关的绩效都要通过业绩产出来衡量。所谓业绩，就是通过工作行为取得的阶段性产出和直接结果。评价业绩的过程不仅要判定个人的工作完成情况，也要衡量部门、组织的指标完成情况。更重要的是，管理者要以评价结果为基础来有计划地改进绩效欠佳的方面，从而达到组织发展的要求。对组织层面、部门层面、个人层面的业绩评价不仅要包括利益相关者层面（结果）的指标，也要涵盖实现路径（过程）层面和保障措施层面的指标，既兼顾结果也兼顾过程，才能保证业绩评价的完整性和准确性。

业绩评价一般是从数量、质量、时间和成本等角度来考虑的。但组织、部门和个人层面的业绩评价是有区别的。组织层面的业绩评价主要集中于对组织整体战略目标实现起重要作用的指标；而部门层面的业绩评价是通过分解、承接组织层面的业绩目标而形成的内容，此外，还要反映部门自身职责的相关内容；个人层面的业绩评价主要是最微观具体的岗位职责要求的内容。

（2）态度评价。

我们通常认为能力强的人能够取得更高的工作绩效，但现实情况往往并非总是如此，能力强仅仅是获得高绩效的一个重要条件。能力强的人并不一定能够取得相应的成绩，而能力较差的人也可能取得较高的绩效。这是因为不同的工作态度会对工作结果产生不同的影响。因此，我们主张在绩效评价时，除了要对工作业绩进行评价之外，还要对评价对象的工作态度进行评价，以鼓励其充分发挥现有的工作能力，最大限度地创造优异的绩效，并且通过日常工作态度评价，引导评价对象发挥工作热情，避免"出工不出力"的情况发生。

工作态度是绩效评价的重要内容。通过对工作态度的评价引导评价对象改善工作态度，是充分发挥其工作能力，继而促使其达成绩效目标的重要手段。在评价工作态度时，只评价其是否努力、认真地工作，工作中是否有干劲、有热情，是否遵守各种规章制度等即可，要忽略评价对象的职位高低或能力大小。

2. 组织、部门和个人绩效评价

由于绩效有组织、部门和个人三个层次，我们通常将绩效评价分为组织绩效评价、部门绩效评价和个人绩效评价。个人绩效的取得是部门绩效和组织绩效完成的基础，如果仅仅评价部门绩效和组织绩效而忽略了对个人绩效的评价，就会产生组织战略执行不到位和绩效目标无法落地的情况。如果仅仅评价个人绩效而不评价部门绩效和组织绩效，则无法保障组织宏观、整体的绩效目标的实现。因此，完善的绩效评价体系要从组织层面延伸到部门层面和个人层面，并注意目标在横向与纵向上的协同。

（1）组织绩效评价。

由于绩效评价系统是组织管理控制系统的一部分，因此，组织的绩效评价系统必然要根据组织战略、组织结构等要素进行设计。

组织绩效评价量表的设计基于绩效计划阶段设定的各项目标、指标、目标值等内容，将组织的平衡计分卡中的每一个考核指标汇集起来，赋予一定的权重，明确数据来源和评价主体，形成组织层面的绩效评价量表。

组织绩效评价量表是对整个组织的绩效进行考核评价的工具。因此，组织层面的绩效评价内容相对宏观，只有涉及组织发展全局的指标才出现在绩效评价量表当中。在设计和填写组织绩效评价量表时要注意以下几点。

第一，组织绩效评价量表的功能在于考核评价。如果说平衡计分卡是管理工具，那么绩效评价量表就是考核工具。考核评价的核心是指标，因此没有"目标"一栏，只针对指标的完成情况进行评价。在填写具体指标的得分时，要将实际绩效结果与绩效计划阶段设置的绩效评价标准相比较，得出某一指标的得分。

第二，加减分项。为了增强工作的激励性和约束性，在绩效指标的评价中引入加减分项。加分项是激励措施中正强化的一种，目的是鼓励某种行为的发生，突出对组织工作有重大贡献的行为，如"获市级以上荣誉数量"和"市级以上财政资金支持总额"等。这些工作并不属于常规性工作，但属于有一定挑战性的任务。减分项作为惩罚方式的一种，目的是避免某种行为的发生，如"重大环境污染责任事故发生次数""行政诉讼案件败诉次数"等。加减分项也计入总分，但总额不超过总分的10%。

第三，数据来源与评价主体。数据来源是指在对某一指标进行评价时所需佐证信息的提供者；评价主体一般由外部相关职能部门、群众、专门的评价单位（如绩效办）等组成。数据来源的选择是根据知情原则确定的，而评价主体的选择除了遵循知情原则以外，还要根据责任制等综合确定。

（2）部门绩效评价。

部门绩效评价量表的设计思路与组织绩效评价量表一致，根据绩效计划阶段设定的部门平衡计分卡中的指标、目标值等内容确定。与组织绩效评价量表相比，部门绩效评价量表中的指标相对微观具体，与部门职责紧密相关。

（3）个人绩效评价。

个人绩效评价量表的设计原理同组织、部门绩效评价量表并无二致，都是根据个人平衡计分卡中的指标汇总而来。但由于组织高层管理者和组织内其他个人的平衡计分卡设计思路是不一样的，因此绩效评价量表的设计思路也不同。第一个层次，在确定组织层面的平衡计分卡后，直接根据高层管理者的分工情况通过共同承接和单独承接的方式形成组织高层管理者的平衡计分卡，在此基础上形成组织高层管理者的个人绩效评价量表；第二个层次，由组织层面的平衡计分卡向下分解、承接，再结合部门职责形成部门平衡计分卡，再根据分工和职责不同形成部门管理者的个人平衡计分卡和绩效评价量表；第三个层次，由部门平衡计分卡再向下分解、承接，补充个人职责的相关内容，形成组织最基层的个人平衡计分卡和绩效评价量表。需要特别指出的是，由于组织高层管理者是对组织的经营管

人力资源管理篇

理全面负责的人，其个人绩效评价量表中利益相关者层面的结果性指标要与组织绩效评价量表中的结果性指标完全一致，也就是说，组织内的每一个高层管理者都要对组织绩效评价量表中的结果性指标负责。但高层管理者也有不同分工，在计算个人绩效评价得分时要对利益相关者层面赋予不同权重。

四、绩效反馈

绩效反馈是绩效管理系统的最后一个环节，其目的是通过良好的沟通，员工能够了解自己在绩效周期内的绩效表现，并针对绩效方面存在的问题采取相应措施，从而实现绩效水平的持续提升。绩效反馈既是管理者和员工进行充分沟通的渠道，又是实现组织、部门和个人绩效持续改进的管理平台和保障措施。

（一）绩效反馈的概念界定

心理学家发现，反馈是使人产生优秀表现的重要条件之一。如果没有及时、具体的反馈，人们往往都会表现得越来越差，因为在这种情况下，人们无从对自己的行为进行修正，甚至可能丧失继续努力的动力。有学者研究发现，缺乏具体、及时的反馈是绩效不佳最普遍的原因之一。因此，管理者必须认识到绩效反馈是绩效管理的重要环节。

绩效反馈是指绩效评价结束后，管理者与员工通过正式的沟通，将评价结果反馈给员工，并与其共同分析绩效不佳的方面及其原因，然后制订绩效改进计划和促进评价结果运用的过程。绩效反馈是绩效管理系统的重要环节，也是绩效管理系统中承上启下的关键环节。在绩效反馈过程中，通常存在反馈源、反馈信息和反馈接收者三个基本要素。其中上级为反馈源，评价对象为反馈接收者，而整个绩效周期内的工作绩效和绩效评价结果就是反馈信息。

绩效反馈主要有两种方式：一是书面报告，二是绩效反馈面谈。具体选择什么反馈方式要看反馈的对象和内容，对一般性或程序性的反馈，可以采用书面报告的形式，而对需要深入分析和讨论的内容或者是对绩效不佳的员工，最好采用绩效反馈面谈的方式。

（二）绩效反馈的不同方式

反馈方式的正确选择对提升绩效反馈效果至关重要。根据绩效反馈信息的内容以及反馈源态度的不同，可以将绩效反馈分为三类，即负面反馈、中立反馈和正面反馈。其中，负面反馈和中立反馈都是针对错误的行为进行的反馈，通常注意力集中于减少错误行为；而正面反馈是针对正确的行为进行的反馈，其目的是强化这种正确行为。另外，自我反馈作为一种特殊的反馈方式也越来越引起各级管理者的重视。

1. 对错误行为进行反馈

对错误行为进行的反馈就是通常所说的批评。在大多数人的印象中，批评往往是消极的，但实际上批评也可以是积极的和建设性的。这就是负面反馈与中立反馈之间的区别。管理者针对员工的错误行为进行反馈的目的，是帮助员工了解自身存在的问题并引导其纠正错误。

现在越来越多的研究学者和管理者已经认识到中立反馈的重要性。在反馈实践中，应尽量避免使用负面反馈，多用中立反馈。中立反馈一般应遵循以下七条原则：

（1）要有计划性。管理者在进行中立反馈之前对批评的目的、内容、方式等都要有所准备。有效的计划可以避免沟通中因言行失控而产生对立气氛，这种在情绪失控的状况下进行的反馈不但毫无意义，而且会产生负面影响。同时，充分明确反馈的目的，有计划地组织好思路和语言，是促进中立反馈顺利实施的有效手段。

（2）维护对方自尊。自尊是每个人在进行人际交往时都试图维护的，管理者在绩效反馈时应当考虑到照顾员工的自尊。消极的批评容易使员工的自尊心受到伤害，对人际关系具有破坏作用。实际上要做到维护员工的自尊，最简单的方法就是在批评对方之前进行换位思考。

（3）选择恰当的沟通环境。绩效反馈应当选择合适的环境因素，充分考虑沟通的时间、地点以及周围环境，寻找最佳时机，以保证良好的反馈效果，尤其是对员工错误行为进行反馈的时候。通常，人们主张单独与犯错误的员工进行交流，这种方式能够最大限度地维护员工的自尊心。但这一点并不是绝对的。例如，在团队的工作环境中，如果管理者只是进行私下的批评往往会得不到充分的信息或帮助，不利于员工最大限度地改进绩效。如果管理者能够在团队中形成一种批评公开化的良好氛围，这类反馈就能够在团队成员的集体会议上进行。在这种情况下，整个团队都能够对犯错误的成员提供必要的帮助。在团队管理中一种常见的方式就是利用头脑风暴法给出现问题的成员提供建议。这样的团队会议能够激发成员之间团结互助的良好关系，有利于提高所有成员的工作绩效。

（4）以进步为导向。批评并不是最终的目的，批评的目的是促使员工取得进步。绩效反馈应着眼于未来，而不应该抓住过去的错误不放。强调错误的批评方式会使员工产生防御心理，对绩效反馈的效果起到消极的作用。例如，王拉拉在进行市场调查时选择了不恰当的样本采集方法，因而影响了统计结果的可信度。管理者在发现这一问题之后不应指责"你的方法简直太笨了""这个报告完全不能说明任何问题"等，而应该从改进绩效的目的出发，用下面的方式进行批评："你应该……""用……的方法能够使……"。这一以进步为导向的批评才能够真正达到绩效反馈的最终目的——提高员工的未来绩效。

（5）坚持互动的方式。负面反馈往往是单向传递信息的，这种方式会因为管理者单方的操纵和控制而引起员工的反感和抵触，从而产生排斥心理。建设性的批评主张让员工参与到整个绩效反馈的过程中，也就是所谓的互动式的绩效反馈。管理者应当通过有效的引导让员工提出自己的看法和建议。

（6）保持灵活性。灵活性要求管理者在批评时应当根据不同的对象和不同的情况采用不同的方式，并在批评的过程中根据对方的反应进行方式的调整。

（7）传递帮助信息。中立反馈不仅是单纯的好坏对错这类信息的传递，更应当为员工提供明确的、具体的建议，以表明管理者愿意为员工提供帮助。管理者应该让员工感受到对他们的关注以及信心，并使员工相信自己能够得到来自管理者的充分帮助。这一点非常重要，当员工在工作中遇到困难时，他们需要的不是一个指手画脚的"裁判"，而是能够与他并肩作战的人。这种传递帮助信息的批评有助于改善员工与管理者之间的关系，提高员工对管理者的信任感，从而提高工作绩效。

2. 对正确行为进行反馈

通常人们更加倾向于关注对错误行为的训导，而对正确行为的反馈往往被管理人员忽视。事实上，对正确行为的反馈与对错误行为的反馈同等重要，并且两种反馈都能提高员工的绩效。管理者忽视对于正确行为的反馈的原因很多，如他们可能认为做好是理所当然的。实际上，最好的肯定方式就是对员工行为的直接认同和赞扬，像"这件事你做得棒极了！"这类简单的方式往往就能够取得很好的效果。当然，对员工做得好的地方进行具体的表扬并鼓励其实现挑战性的目标，其激励效果会更好。

管理者在进行正面反馈时应遵循以下四条原则：第一，用正面的肯定来认同员工的进步，如应针对"成功率的提高"而不是"失败率的降低"。第二，要明确肯定地指出受称赞的行为。第三，当员工的行为有所进步时应给予及时的正面反馈。第四，正面的反馈中应包含这种行为对团队、部门乃至组织的整体效益。

3. 自我反馈

自我反馈指的是员工在一套严格、明确的绩效标准的基础上主动将自己的行为与标准进行比对，发现并解决问题的过程，是一种特殊的绩效反馈方式。与一般的绩效反馈不同，自我反馈不是通过管理者与员工之间的相互沟通实现的，而是一种员工自己与自己进行"沟通"的形式，这种方式能够有效地使员工对自己的绩效表现有一个正确的认识。自我反馈是管理者进行绩效反馈的重要补充，在实际工作中的每时每刻，自我反馈机制都在发挥着十分重要的作用。例如，某大型企业销售部要求所有销售人员每个月都要上交一份工作情况报告，其中包括对现有市场和目标市场状况的详细分析。即使每个员工手里都有一份具体的报告项目清单，但是经理对员工上交的报告仍十分不满。经调查，经理惊讶地发现，即使员工手上有问题清单，但是员工在上交报告之前没有根据这份清单进行一一核对。因此，经理要求员工今后在上交报告之前必须根据清单对报告的内容进行核对。这项规定执行之后，报告的质量得到了很明显的改观，员工的总体工作表现也更好了。

这种反馈方式不仅在高重复性工作或例行工作（如生产流水线工作）中比较容易实施和评估，在创新型的工作中也同样重要。因为管理者不可能每时每刻都在注意员工的行为，并且创新性工作的评价多是结果导向的，对工作过程中的情况难以评估，如果能有效采用自我反馈，从事创新性工作的员工就可以及时对照相应标准调整工作。

第三节　绩效评估的常用方法

一、传统绩效评估方法

（一）关键事件法

关键事件法是客观评价体系中最简单的一种形式，该方法最初由美国心理学家弗洛伊德·阿尔泰尔（Floyd Allport）于1954年提出，后来由约翰·弗洛伊德（John C. Flanagan）进一步发展和推广。它是通过对工作中最好或最差的事件进行分析，对造成这一事件的工作行为进行认定从而做出工作绩效评估的一种方法。关键事件法运用于绩效评估，可使评估更具有针对性，因为关键事件法利用从一线管理者或员工那里收集到的有关工作表现的特别事例进行评估。通常，在这种方法中，员工和一线管理者汇集了一系列与特别好或差的员工有关的实际工作表现，而平常的或一般的工作表现均不予考虑。特别好或差的工作表现可以把最好或最差的员工从一般员工中挑出来。

这种方法的优点是针对性比较强，对评估优秀和劣等表现十分有效；尤其适合应用于绩效评估的行为尺度评定与行为观察中；由于对行为进行观察和测量，故而描述工作行为、建立行为标准更加准确；能更好地确定每一行为的作用。缺点是搜集与整理关键事件要花费大量的时间和精力；对关键事件的把握和分析可能存在某些偏差；对中等绩效的员工关注不够。

在应用关键事件法时，要注意以下要点：

第一，所记录事件必须是关键事件，即属于典型的"好的"或"不好的"事件。判断是否属于关键事件，其主要依据在于事件的特点与影响、性质。所记录的关键事件必须是与被考评者的关键绩效指标有关的事件。

第二，关键事件法一般不单独作为绩效考评的工具来使用，而是应和其他绩效考评方法结合使用，为其他考评方法提供事实依据。

第三，记录的关键事件应当是员工的具体行为，不能加入考评者的主观评价，要把事实与推测区分开来。

第四，关键事件的记录要贯穿于整个工作期间，不能仅仅集中在工作最后的几个星期或几个月里。

第五，关键事件法是基于行为的绩效考评技术，特别适用于那些不仅以结果来衡量工作绩效，而且要注重一些重要行为表现的工作岗位。

（二）比较法

1.图尺度评价量表法

图尺度评价量表法（Graphic Rating Scale）也称为图解式考评法，是最简单和运用最普遍的工作绩效评价技术之一。它列举出一些组织所期望的绩效构成要素（如团队精神、服务态度等），还列举出跨越范围很宽的工作绩效等级（如从"非常不满意""一般""基本满意"到"非常满意"）。在进行工作绩效评价时，首先针对每一位下属员工从每一项评价要素中找出最能符合其绩效状况的分数，然后将每一位员工所得到的所有分值进行汇总，即得到其最终的工作绩效评价结果。

这一测评方法有很多种变形，比如通过对指标项的细化，可以用来测评具体某一职位人员的表现。指标的维度来源于被测对象所在职位的职位说明书，从中选取与该职位最为密切相关的关键职能领域（Key Functional Area，KFA），再进行总结分析出关键绩效指标（Key Performance Indicator，KPI），并为各指标项标明重要程度，即权重。在实际操作过程中，首先在一张图表中列举出一系列绩效评价要素并为每一要素列出几个备选的工作绩效等级，然后主管人员从每一要素的备选等级中分别选出最能够反映下属雇员实际工作绩效状况的工作绩效等级，并按照相应的等级确定其各个要素所得的分数。

这种方法的优点是使用起来较为方便；能为每一位雇员提供一种定量化的绩效评价结果。缺点是不能够有效地指导行为，它只能给出考评的结果而无法提供解决问题的方法；不能提供一个良好的机制以提供具体的、非威胁性的反馈；这种方法的准确性不高；由于评定量表上的分数未给出明确的评分标准，所以很可能得不到准确的评定，常常凭主观来考评。

2.行为锚定评价量表法

行为锚定评价量表法（Behaviorally Anchored Rating Scale，BARS）也称行为锚定等级评定量表法，是一种将同一职务工作可能发生的各种典型行为进行评分度量，建立一个锚定评分表，并以此为依据，对员工工作中的实际行为进行测评并给定具体分数的考评办法。行为锚定评价量表法实质上是把关键事件法与图尺度评价量表法结合起来，兼具两者之长。行为锚定评价量表通常由行为学专家与企业组织内的考评人员共同讨论设计。针对某一被考评职务选出适当的考评维度，每一考评维度附以行为描述文字和相对应的评分标准（通常为数字刻度）。

3. 不同个体相互比较的评价方法

（1）排列法。排列法是一种古老的考评方法。它根据某一考评维度，如工作质量，将全体考评对象的绩效从最好到最差依次进行排列。这是一种简单且粗糙的考评方法，它的缺点和优点一样显而易见。排列法一般只适用于小型组织的人员考评，而且考评对象必须从事同一性质的工作。如果工作性质存在差异，或是对不同部门的工作人员进行考评，则不适宜该种方法。

（2）强制分布法。为了克服绩效考核结果中整体水平偏高或偏低，从而不能正确反映员工绩效的真实情况，不能真正把绩效优秀的员工区分出来的现象，可以使用强制分布的方法，即对各个等级的人数比例做出限制。一般来说，各个等级的比例分布应该是接近正态分布的。该方法的优点是：等级清晰、操作简便。等级划分清晰，不同的等级赋予不同的含义，区别显著，并且只需要确定各层级比例，简单计算即可得出结果；刺激性强。强制分布法常常与员工的奖惩联系在一起。对绩效"优秀"的重奖，绩效"较差"的重罚，强烈的正负激励同时运用，给人以强烈刺激；强制区分。由于必须在员工中按比例区分出等级，会有效避免评估中过严或过松等一边倒的现象。强制分布法的缺点是：如果员工的业绩水平事实上不遵从强制要求的分布，那么按照考评者的设想对员工进行硬性区别容易引起员工不满；只能把员工分为有限几种类别，难以具体比较员工差别；个别组织为了应对强制分布法，会采用"轮流坐庄"的方式来应对，这样不能体现强制分布法的真正用意。

（3）配对比较法。配对比较法也叫对偶比较法或两两对比法，与排列法类似，也是一种相对的绩效评估方法。其基本做法是，在每一个评估因素上将每一个员工与其他所有的员工进行比较，其中价值较高者可得1分，价值较低者得−1分，最后将每位员工所得分数相加即得到该员工的最终评分。配对比较法与排序法不同的是，它采用配对比较的方法，将所有参加考评的对象逐一进行比较，是一种兼顾总体统筹考虑的方法。

二、关键绩效指标法

（一）关键绩效指标法的含义

关键绩效指标法就是通过对工作绩效特征分析，提炼出最能代表绩效的若干关键绩效指标，并以此为依据对员工绩效进行考核的一种方法。它是现代企业中备受关注的一种系统化的考核方法。

其中，关键绩效指标必须是衡量企业宏观战略决策执行效果的关键可量化的指标。具体来说，KPI就是将企业宏观战略目标决策层层分解为可操作性的战术目标，并结合战术目标对企业组织运作过程中的关键成功要素进行分析，提炼和归纳出来的具体的、可测量的目标式量化管理指标。这些指标有机地组合在一起，成为一个能对组织、部门和个人工作目标起战略导向作用的引导体系，也即关键绩效指标体系。

KPI体系的设计思想源自管理学中的帕累托定律，即"80%的工作任务由20%的关键行为完成，抓住20%的关键行为并对之进行分析和衡量，就可以抓住战略的重点、目标的核心"。KPI体系就是要通过20%的关键指标来把握和引领企业80%的绩效，以不断增强企业的核心竞争力，持续地取得高效益。这种体系具有四个特点：①KPI体系中的指标是一系列可量化的或可行为化的关键绩效指标；②KPI体系针对企业战略目标起到增值作用的工作产出来设定指标；③KPI体系将个人和部门的绩效与企业整体绩效直接挂钩，包括企业级、部门级和岗位级关键绩效指标三个层次；④KPI体系的设计基于公司的发展战略与流程，而不是岗位的功能。

综合来看，关键绩效指标法就是要通过关键绩效指标体系来引导员工的个人行为和目标与企业的战略相契合，从而提高组织绩效和实现企业战略目标。

（二）关键绩效指标法的优劣分析

关键绩效指标法具有以下几个优点：

第一，有利于实现企业战略目标。KPI体现了组织当前的战略目标和个人岗位职责的结合，通过KPI的整合和控制可以使员工绩效行为与组织目标要求的行为相吻合，避免出现过大偏差，有力地保证了组织战略的实施。

第二，有利于传导压力。每个企业都面临着来自市场的压力，企业战略是对压力的一种应对。为使应对得当，企业需要将各种压力有效地传导到每个员工。KPI体系的建立，可以使责任到位，结果明确，促使每个员工在领会企业战略、接受计划目标的同时，真实地感受市场压力，将努力的方向聚焦到企业的要求上来。

第三，有利于部门、岗位间的团结协作。KPI体系是连接每个岗位与企业战略目标的纽带。通过KPI体系，部门和岗位不再孤立地以各自的发展为目标，而是集中到共同的目标上，从而加强了部门之间的协作，促进了不同业务领域中员工间的分工合作。

第四，有利于明确部门、岗位工作的重点和目标。通过KPI来衡量各部门、岗位的绩效行为，可以使每个部门和每个员工都明确自己的责任、目标，抓住工作重点，从而使每一个绩效行为都能为企业整体经营目标的实现提供支撑，消除无效的工作行为对企业经营管理和绩效提升的影响。

关键绩效指标法也存在一些缺陷和不足，主要表现在：

一是指标体系过于庞大。关键绩效指标法针对每一项对战略有重要意义的工作产出提取相应的KPI，导致指标体系过于庞杂。在当今多变的社会环境下，战略也跟着改变，而这种指标体系庞大，因而应变性较差，很难跟上战略的变化，直接影响到实施的效果。

二是指标的创建和量化较难。关键绩效指标法要求所设计的KPI必须是明确的、可测量的，然而现实情况是组织中存在大量难以量化的关键行为和指标，这就使得关键绩效指标法在指标的创建和量化方面非常困难。

（三）关键绩效指标法的适用范围

关键绩效指标法比较适用于与组织战略目标有着紧密联系、对组织的增值或未来发展潜力有直接贡献的岗位，如总经理、副总经理、研发人员、销售人员、生产人员等，对于事务性岗位则不太适合。

三、目标管理法

目标管理（management by objectives，MBO）是美国著名管理学家彼得·德鲁克（Peter Drucker）在1954年出版的《管理的实践》一书中提出的，从某种意义上说，目标管理是德鲁克提出的最重要、最有影响的概念。他认为古典管理学派偏重以工作为中心，忽视人的需求；行为科学学派又偏重以人为中心，忽视了同工作相结合。目标管理综合了对工作的兴趣与人的价值，强调在工作中满足社会需求，同时又致力于组织目标的实现，这样就实现了工作和人的需要两者的统一。德鲁克提出的"目标管理和自我控制"的管理思想促使目标管理发展成为一个卓越的管理工具。

（一）目标管理的实施步骤

目标管理的实施是一个持续的管理过程，具体包括计划目标、实施目标、评价结果、反馈四个步骤。

1. 计划目标

计划目标是目标管理最重要的步骤，是指建立每位被评价者所应达到的目标。这一过程是通过目标分解来实现的，通常是评价者与被评价者共同制定目标。在此需要明确的是：本部门的员工如何才能为部门目标的实现做出贡献。通过计划过程可以明确期望达到的结果，以及为达到这一结果所应采取的方式、方法及所需的资源。同时，还要明确时间框架，即当他们为这一目标努力时，了解自己目前在做什么、已经做了什么和下一步还将要做什么，以及合理安排时间。该环节需要高度重视如下两方面的内容：一是需要明确目标的类型；二是需要具体问题具体分析，制定出适合组织管理实际的目标体系。

2. 实施目标

实施目标就是对计划实施的监控，是保证制订的计划按预想的步骤进行，掌握计划进度，及时发现问题。如果发现成果不及预期，应及时采取适当的矫正行动，必要时还可对计划进行修改。同时通过监控，也可使管理者注意到组织环境对员工工作表现产生的影响，从而帮助被评价者克服这些他们无法控制的客观环境。

3. 评价结果

评价结果是将实际达到的目标与预先设定的目标相比较。这样做的目的是使评价者能够找出未能达到的目标，或实际达到的目标远远超出了预先设定的目标的原因，有助于管理者做出合理的决策。

4. 反馈

反馈就是管理者与员工一起回顾整个周期，对预期目标的达成和进度进行讨论，从而为制定下一绩效周期的目标及战略制定或战略调整做好准备。凡是已成功实现目标的被评价者都可以而且愿意参与下一次新目标的设置过程。

在目标管理实施过程中，有两方面的内容需要特别注意：第一，必须与每一位员工共同制定一套便于衡量的工作目标。目标管理理论特别重视员工对组织的贡献。在传统的绩效评价方法中，评价者的作用类似法官的作用。在目标管理的过程中，管理者起的是顾问和促进者的作用，管理者同员工一起建立目标，然后在如何达到目标方面，管理者给予员工一定的自由度；参与目标建立使得员工成为该过程的一部分。第二，定期与员工讨论他的目标完成情况。管理者在整个评价时期要保持联系渠道公开，员工的作用也从消极的旁观者转变成为积极的参与者。在评价后期，员工和管理者需要进行评价面谈。管理者首先审查所实现目标的程度，然后审查解决遗留问题需要采取的措施。在目标管理下，在评价会见期间，解决问题的讨论仅仅是另一种形式的反馈面谈，其目的在于根据计划帮助员工进步。在沟通中，管理者和员工还可以讨论下一个评价期目标的设定问题，并且开始重复评价过程的循环。

（二）目标管理成功实施的条件

很多组织有清晰的战略目标，但是管理者对如何实现目标并不清楚，员工更不清楚他们的工作与组织的战略目标有何关系。员工有努力的良好愿望，但是由于没有明确的目标，往往无所适从，不知道努力的方向，终日忙碌而不知所图。成功实施目标管理的关键点主要体现在如下四方面：

第一，选择有效的管理风格。员工参与是目标管理的精髓。在成功的目标管理中，普遍采用的管理风格是参与式管理。从目标制定、目标实施和结果评价的全过程都离不开员工的参与。管理者只有和员工进行了充分、持续的沟通，才有利于充分激发员工的创造性、主动性和积极性，促使员工信守承诺，从而真正实现员工的自我控制和自我管理，进而确保目标的实现。

第二，做到组织层次分明。在目标管理实践中，组织层次分明是目标体系具体明确的前提和基础，而目标体系本身的科学性、具体性、明确性以及针对性是目标管理成败的关键性因素；在组织混乱的情况下，很难有效推行目标管理。成功实施目标管理，要求所有管理者为已确定的目标负起绝对责任，即通过明确指定其具体承担的具体目标，同时授予相应的管理权限，来实现其对目标的负责。为每个组织成员制定目标，有助于发现组织设计上的弱点，即是否重复授予权限，或授予的权限与职责是否一致，但是这些弱点的纠正工作必须由最高管理部门进行。如果在职责和权限之间出现错位，往往会使目标无法达到，并且会使管理者受到很大的挫折。

第三，制定挑战性的目标。在目标管理中，目标制定是关键。大量的理论研究和管理实践都证明，具有挑战性的目标通常能带来高绩效。管理者和员工经过充分沟通制定出具有挑战性的目标，就成了目标管理成功的关键内容，其中对目标实现难度的把握非常关键。

第四，进行及时的工作反馈。及时反馈是实现目标的必要机制，这一点体现在如下两方面：一是管理者越以成就为导向，越需要对他自己的工作进行反馈；二是管理者越以成就为导向，越不能忍受日常文书工作、不必要的日常事务和原始数据，而是需要在决策时能直接采用的、最小量的、有质量的和经过组织的数据。

四、360度反馈评价

360度反馈评价，也称为全方位反馈评价或多角度反馈评价。它是一种从来自各个层面的相关人员手中收集关于被评价者的信息，然后从多个视角对员工进行综合评价和反馈的方法。提供信息的人员主要有被评价者本人以及与他有密切关系的人，包括被评价者的上级、同事、下级和企业内外部客户等。

（一）360度反馈评价的程序

1. 准备阶段

（1）对绩效考核方法和考核问卷进行设计。企业在运用360度反馈评价方法时要结合企业的实际情况对考核方法进行改动。由于行业、企业的不同，对绩效考评问卷的设计也不同，对考评问卷的设计要体现实用性、简洁性和低成本性。

（2）对考评者和被考评者以及相关的人员进行培训。在实施反馈评价时，对员工以及相关人员进行培训的内容包括考核方法的介绍、如何完成调查问卷、如何收集信息和对信息辨别真伪、考评标准、评价和反馈技巧等。

2.实施阶段

（1）对具体实施过程实行标准化和保密化控制。考核问卷内容必须标准化，考核问卷的开封、分发，被考核者的疑问解答，直到考核问卷的收卷都要采取保密的形式。

（2）对提供的信息进行统计、整理。可以用专门的360度绩效考核软件处理统计信息、进行评分和报告结果，包括多种统计图表的绘制和及时呈现，对比较主观的问题要参考专业绩效考核人员的意见。

（3）对被考评者进行有关考核信息的培训。培训是为了使绩效考核更具有效果和目的性，除了让被考评者认识到考核与奖励、薪酬挂钩这个目的，更要让被考评者体会到，360度绩效考核最主要的目的是用于为员工改进工作绩效和职业生涯规划提供咨询建议。

（4）企业根据出现的问题制订改进计划。这一环节也可以由咨询企业协助实施，由它们独立进行信息处理和结果报告。其优越性在于，报告的结果比较客观，并能提供通用的解决方案和发展计划指南。但是，企业人力资源管理部门应当尽可能地在考核实施过程中起主导作用。一方面，任何企业都有自己特有的问题；另一方面，企业的发展战略与支持员工的工作行为息息相关，涉及市场竞争的策略等内容，如果结合多方面专家的意见，考核效果会更好。

3.反馈面谈

绩效反馈和辅导是考核过程中一个非常重要的环节。它包括对考评者进行反馈和对被考评者进行反馈。对考评者的反馈主要是让他们认识到自己信息搜集方法、面谈交流方式等方面存在的问题，及时改进以提高考核的效果。对被考评者的反馈就要及时把绩效考核的结果让他们知晓，清楚工作中需要改进的地方，需要什么样的培训，自己应该做什么样的计划来改进能力方面的不足。

4.效果评估

在绩效考核结束后，最后需要对考核的效果进行评估。效果评估的主要目的是确定考核过程是否合理、客观、公正，以及考核效果的应用是否充分，总结考核中的经验和不足，找出存在的问题并且积累相关的经验，从而不断完善整个考核系统。

（二）360度反馈评价的优缺点

1.360度反馈评价的优点

（1）绩效考核的全面性。绩效考核是从多个角度对被考核者进行考核，反馈的信息来自多个方面，对员工存在的问题从多个角度进行分析，较全面地考核了员工。

（2）绩效考核的公正性。360度反馈评价绩效考核法是按照多个角度的思路对员工进行评价，打破了原来由上级考核下属的传统考核制度，可以避免传统考核中考核者极容易发生个人偏见和考核盲点等现象，在一定程度上体现了考核的公正性。

（3）有利于形成积极的组织气氛。在绩效考核的过程中，员工之间相互评价，相互为对方的发展提供可靠的信息，帮助对方改进本身的不足，在组织中建立相互帮助、共同发展的组织气氛，从而促进组织中的团队建设。

（4）有利于增强企业的竞争力。通过绩效考核，及时发现员工存在的能力上的不足，通过企业培训或者自身的学习快速提高员工的工作能力，在提高员工自己的绩效基础上，企业的综合竞争能力也得到了极大的提高。绩效考核有助于强化组织的核心价值观，通过员工之间或者管理者和员工之间的沟通和信息交流，建立更为和谐的工作关系，提高组织的竞争力和组织的工作绩效。

2.360度反馈评价的缺点

（1）考核成本高。360度考核方法涉及各个部门、每位员工，在众多人员参与的情况下，时间和金钱成本都较大。

（2）可能导致信息失真。企业在实施360度绩效考核时，由于大部分是采取匿名的方式进行，参加人员可能由于个人原因对相关信息进行保留或者提供虚假信息，导致绩效考核的不真实。

（3）考核工作难度大。由于考核所应用的信息来源的多元性，考核者要理解从不同渠道传来的信息，但是这些信息并非总是一致，这就给考核者对这个员工的整体评价带来了困扰。

（三）实施360度反馈评价时应注意的问题

第一，保证反馈评价的客观性和真实性。在实施360度反馈评价绩效考核法时，为了体现企业对员工负责的态度和公平及公正的原则，要对相关人员所提供的信息进行核实，要保证采集信息的方法科学有效。

第二，在主要人员参与的情况下进行。由于360度反馈评价法所涉及的人员来自多个层面，既包括企业内部的员工，也包括企业外部的人员如企业客户、供应商，为了保证绩效考核的顺利实施，一定要取得高层管理人员的支持，并且要对主要的参与人员进行培训，让他们掌握绩效考核方面的知识，有利于考核的正常进行。

第三，实行全员参与和匿名提供信息。360度反馈评价是一个综合性的和全面性的绩效考核方法，因此要保证在对全体员工进行培训的基础上，全员参与到绩效考核的过程中，让搜集到的信息更具有真实性和全面性。另外，为了防止作弊，可以采取匿名方式来提供信息。

第四，及时把考核结果反馈给员工。绩效考核的目的就是发现员工存在的不足，对其进行考核以此来提高员工和企业的绩效。因此，要及时把考核结果反馈到员工手中，让员工认识到自己存在的不足，进而采取措施提升自己的能力。

第五，灵活运用360度考核法。360度考核法效果不佳的深层次原因就在于，很多组织犯了一个形而上学的错误：360度考核法的本意是让最了解情况的人而不是所有的人来做评价，可是人们往往采取机械的形式主义，不分青红皂白地让所有的人来考核所有的考核要素。实际上，专家指出，360度考核法不等于360度考核，针对不同的企业和被考核者，可能是90度考核、180度考核、270度考核等，千万不能搞"一刀切"。

（四）360度反馈评价的适用范围

360度反馈评价法适用于知识型员工较多的企业或信息化程度较高的企业。生产型和销售型企业，由于指标比较清晰，没有必要采用360度绩效考评；而知识型员工占多数的企业由于绩效指标中定性指标较多，所以适合采用360度评价来全方位考核。由于360度反馈评价法需要搜集处理对某一员工全方位评价的数据后方可正确评价某一员工的绩效，因而在实际操作中往往需要用人力资源管理信息系统来做技术支撑。从被考核对象层面，由于360度绩效考评是对被考核者全方位的考核，要求被考核者既要有上级和服务对象，又要有下级和同级（或供应商），加之考核成本较高，所以只适合对公司的中高层进行考核。

五、平衡计分卡法

（一）平衡计分卡的含义

20世纪90年代，随着知识经济和信息技术的兴起，无形资产的重要性日益凸显，人们对以财务指标为主的传统绩效衡量模式提出了质疑。在此背景下，美国哈佛大学商学院教授罗伯特·卡普兰（Robert Kaplan）和RSI公司总裁戴维·诺顿（David Norton）针对企业的组织绩效评价创建了平衡计分卡（Balanced Score Card，BSC）。平衡计分卡是以战略为核心的系统、完备的战略管理和绩效管理工具，并在企业、政府、军队、非营利机构等各类组织中得到广泛应用。

平衡计分卡是以企业的战略为基础，从财务、客户、内部流程、学习和成长四个维度来衡量、考核组织整体绩效的一种方法。其中，财务指标主要衡量企业的成长和盈利能力，体现了股东的价值；客户指标主要衡量企业赢得客户的能力，体现了企业与顾客的战略伙伴关系；内部流程指标主要衡量企业改善经营业绩、增加盈利和提高客户满意度的能力，体现了企业的内部效率；学习和成长指标主要衡量企业持续发展的能力，体现了企业和员工的战略伙伴关系。

以上四方面的指标构成了一个互为基础的有机整体：财务方面思考如果我们成功，我们呈现给股东的是什么；客户方面思考为实现我们的愿景，我们必须呈现给客户什么；内部流程方面思考为满足客户，我们必须在哪些流程上追求卓越；学习和成长方面思考为实现我们的远景，我们的组织必须如何学习和改进。"学习和成长"解决企业长期生命力的问题，是提高内部流程的基础，"内部流程"的提高是创造客户价值的基础，"客户"价值的提高是企业取得良好财务效益的基础。也就是说，"财务"指标是企业追求的结果，其他三方面的指标则是取得这种结果的动因。

综合来看，这种考核技术的最大特点就在于它把企业的使命和战略转变为了具体的目标和考核指标，实现了企业战略和绩效管理的有机结合。

（二）平衡计分卡的优劣分析

1.平衡计分卡的优点

第一，有利于战略目标的传递和实现。BSC的考核目标和相关指标都是和企业战略紧密联系在一起的，用这样的目标和指标对员工进行考核，可以使企业战略通过它们在整个组织中进行传播，使得组织内的每个员工都向实现战略的方向行动。

第二，有利于实现企业的长期均衡发展。传统的财务指标考核仅仅反映过去的经营成果，不能反映现在和未来的业务水准、公司的经营和管理水平，具有片面性。BSC不仅包含了财务指标，还引进了客户、内部流程、学习和成长方面的非财务指标，并通过一系列因果关系与企业的战略挂钩，有利于实现企业的长期均衡发展。

第三，有利于实现内外部衡量的平衡。BSC将考核的视线范围由传统的只注重企业内部考核扩大到企业外部，包括股东、顾客；同时将以往只看重内部结果，扩展到既看重结果又注重企业的内部流程、学习和成长这些能使企业获得未来增长潜力的无形资产，有利于实现外部和内部衡量之间的平衡。

第四，有利于防止次优化行为。BSC迫使高层管理者将所有的重要绩效测评指标放在一起综合考虑，使其注意到"不能以牺牲某一方面为代价来改进另一方面"，从而有效地防止高层管理者的次优化行为，提高企业发展的整体协调性。

2.平衡计分卡的缺陷和不足

第一，指标的创建和量化较难。财务指标创立与量化是比较容易的，其他三方面的指标就需要管理层根据企业的战略及运营的主要任务、外部环境加以仔细斟酌。有些指标重要但很难量化，需要搜集大量的信息，并且要经过充分的加工后才有实用价值，这就对企业信息传递和反馈系统提出了很高的要求。

第二，结果和驱动因素的关系难确定。BSC对战略的贯彻是基于各个指标间明确、真实的因果关系，它要求客户、内部流程、学习和成长方面的指标充当"未来财务绩效的驱动器"，与财务指标之间建立起驱动关系。然而，大多数情况下，结果与驱动因素间的因果关系并不明显或并不容易量化，很难做到真实、可靠。这成为实施BSC的一个重大障碍，企业往往要耗费大量的力气去寻找和明确结果与驱动因素间的关系。

第三，指标权重的分配较困难。BSC要求综合考虑四个层面的因素，这就涉及一个权重分配问题。更复杂的是，不但要在不同层面之间分配权重，而且要在同一层面的不同指标之间分配权重。然而，BSC没有说明如何针对不同的发展阶段和战略需要来确定指标权重，故而权重的制定并没有一个客观标准，不可避免地使得权重的分配具有较浓厚的主观色彩。

第四，调整设计较复杂和困难。BSC是围绕战略进行指标设计的，一旦组织战略或结构发生变动，BSC也要做相应的调整。调整涉及企业上上下下四方面的指标，工作量较大，较为烦琐。同时，调整工作也对中高层管理者的素质提出了较高的要求，要求他们必须具备较强的分析、创新、理解和应变能力，这些都使得调整设计工作变得复杂和困难。

（三）平衡计分卡的适用范围

一是面临且感知到较大竞争压力的企业。竞争的压力是企业谋求发展的内在动力，这正好也是平衡计分卡得以实施的内在原因。所以，它适合于面临且感知较大竞争压力的企业。

二是以目标、战略为导向的企业。平衡计分卡的设计必须以战略为基础。所以，实施平衡计分卡的企业必须以目标、战略为导向，有明确的组织战略目标。

三是管理水平较高的企业。平衡计分卡系统要求企业有强大的信息数据搜集功能和清晰的流程，实施起来比较复杂。所以，它适用于管理基础较好、成熟度较高的企业。

第七章　薪酬管理与福利管理

第一节　薪酬管理概述

一、什么是薪酬

（一）薪酬的定义

薪酬是指员工向其所在单位提供所需要的劳动而获得的各种形式的补偿，是单位支付给员工的劳动报酬。薪酬包括经济性薪酬和非经济性薪酬两大类，经济性薪酬又分为直接经济性薪酬和间接经济性薪酬。

直接经济性薪酬是单位按照一定的标准以货币形式向员工支付的薪酬。

间接经济性薪酬不直接以货币形式发放给员工，但通常可以给员工带来生活上的便利、减少员工额外开支或者免除员工后顾之忧。

非经济性薪酬是指无法用货币等手段来衡量，但会给员工带来心理愉悦效用的一些因素。

（二）薪酬的分类

薪酬包括货币性薪酬和非货币性薪酬。

货币性薪酬：包括直接货币薪酬、间接货币薪酬和其他货币薪酬。其中，直接货币薪酬包括工资、福利、奖金、奖品、津贴等；间接货币薪酬包括养老保险、医疗保险、失业保险、工伤及遗嘱保险、住房公积金、餐饮等；其他货币薪酬包括有薪假期、休假日、病事假等。

非货币性薪酬：包括工作、社会和其他方面。其中，工作方面包括工作成就感、工作挑战感、工作责任感等的优越感觉；社会方面包括社会地位、个人成长、实现个人价值等；其他方面包括友谊关怀、舒适的工作环境、弹性工作时间等。

二、什么是薪酬管理

（一）薪酬管理的含义

薪酬管理是在组织发展战略指导下，对员工薪酬支付原则、薪酬策略、薪酬水平、薪酬结构、薪酬构成进行确定、分配和调整的动态管理过程。

薪酬管理要为实现薪酬管理目标服务，薪酬管理目标是基于人力资源战略设立的，而人力资源战略服从于企业发展战略。薪酬管理包括薪酬体系设计、薪酬日常管理两方面。薪酬体系设计主要是薪酬水平设计、薪酬结构设计和薪酬构成设计；薪酬日常管理是由薪酬预算、薪酬支付、薪酬调整组成的循环，这个循环可以称为薪酬成本管理循环。

薪酬设计是薪酬管理最基础的工作，如果薪酬水平、薪酬结构、薪酬构成等方面有问题，企业薪酬管理不可能取得预定目标。薪酬预算、薪酬支付、薪酬调整工作是薪酬管理的重点工作，应切实加强薪酬日常管理工作，以便实现薪酬管理的目标。

薪酬体系建立起来后，应密切关注薪酬日常管理中存在的问题，及时调整公司薪酬策略。调整薪酬水平、薪酬结构及薪酬构成以实现效率、公平、合法的薪酬目标，从而保证公司发展战略的实现。

（二）薪酬管理目标

薪酬要发挥应有的作用，薪酬管理应达到三个目标：效率、公平、合法。达到效率和公平目标，就能促使薪酬激励作用的实现，而合法性是薪酬基本要求，因为合法是公司存在和发展的基础。

1.效率目标

效率目标包括两个层面：第一个层面是站在产出角度来看，薪酬能给组织绩效带来最大价值；第二个层面是站在投入角度来看，实现薪酬成本控制。薪酬效率目标的本质是用适当的薪酬成本给组织带来最大的价值。

2.公平目标

公平目标包括三个层次：分配公平、过程公平、机会公平。

（1）分配公平是指组织在进行人事决策、决定各种奖励措施时，应符合公平的要求。如果员工认为受到不公平对待，将会产生不满。员工对于分配公平认知，来自其对于工作的投入与所得进行主观比较而定，在这个过程中还会与过去的工作经验、同事、同行、朋友等进行对比。分配公平分为自我公平、内部公平、外部公平三方面。自我公平，即员工获得的薪酬应与其付出成正比；内部公平，即同一企业中，不同职务的员工获得的薪酬应正比于其各自对企业做出的贡献；外部公平，即同一行业、同一地区或同等规模的不同企业中类似职务的薪酬应基本相同。

（2）过程公平是指在决定任何奖惩决策时，组织所依据的决策标准或方法符合公正性原则，程序公平一致、标准明确、过程公开等。

（3）机会公平是指组织赋予所有员工同样的发展机会，包括组织在决策前与员工互相沟通，组织决策考虑员工的意见，主管考虑员工的立场，建立员工申诉机制等。

3. 合法目标

合法目标是企业薪酬管理的最基本前提，要求企业实施的薪酬制度符合国家、省区的法律法规、政策条例要求，如不能违反最低工资制度、法定保险福利、薪酬指导线制度等的要求规定。

三、薪酬管理的重点

薪酬管理的重点为薪酬成本控制、薪酬调整和薪酬沟通。

（一）薪酬成本控制

1. 薪酬成本控制要素

劳动力成本的主要构成部分就是薪酬成本，因此，劳动力成本的控制要素也就是薪酬成本的控制要素。在一般情况下可以用以下公式表示：

劳动力成本＝雇用人数×（人均现金薪酬＋人均福利成本）

其中：　　雇用人数＝核心员工＋临时用工

人均现金薪酬＝基本工资＋浮动工资

由上述公式可见，控制薪酬成本的关键是控制三个要素：①雇用人数，主要指用工数量；②人均现金薪酬，包括工资、津贴、奖金等；③人均福利成本，包括医疗保险、带薪休假等。

2. 薪酬成本控制的途径

第一，控制员工数量。当员工薪酬水平相同时，员工人数越少，企业所须支付的薪酬额就越低。许多企业十分强调对用工数量的管理，往往会通过提高员工的工作效率来减少用工数量。此外，由于核心员工的减少会给企业带来人才流失、士气低落等副作用，企业对于可替代性较强的岗位通过采用雇用临时工的方式来对员工人数进行调控，而骨干员工与核心员工队伍保持相对稳定。

第二，控制基本工资。基本工资的增加对薪酬成本的上升和固定成本的增加有着重要影响。为了控制人力成本而控制基本工资，主要是控制基本工资加薪的规模、加薪的时间和加薪的覆盖面。由于基本工资增加的主要原因是内部公平性要求、市场状况变动和升职

人力资源管理篇

晋级等因素的推动，还需要对这些因素实行管理和调控。

第三，控制浮动工资。企业支付给员工的浮动薪酬包括津贴、分红、利润分享、团队奖金等多种多样的名目。虽然不同的企业薪酬结构中浮动部分的比重会有所不同，但是浮动薪酬已普遍占企业支付给员工的全部薪酬中的相当大一部分，浮动薪酬带来的薪酬成本增长的问题已经很显然了。浮动薪酬的成本控制除了要控制它的支付规模、时间和覆盖面，还应重点利用它的一次性支付性质来改善薪酬成本的调节幅度，即可以适当加大它相对于固定薪酬的比例。

第四，控制福利支出。企业福利方面的支出可以分为三类：第一类是与基本工资相关的福利，它随基本工资的变化而变化，份额较大，对薪酬预算和成本的影响也较大，基本工资一定时它的刚性也较大；第二类是与基本工资无关的福利，多为短期福利项目，数额较小，弹性较小；第三类是福利管理费用，它有较高的弹性可以利用。通过控制福利支出来降低薪酬成本，需要针对这三类福利支出的特性分别实施管理与调控，才能取得实效。

第五，利用适当的薪酬技术促进成本控制。企业可以利用工作评价、薪酬调查、薪酬结构线、薪酬线、薪酬比较比率等薪酬技术促进或改善薪酬成本的控制，节约薪酬成本的支出。

（二）薪酬调整

薪酬调整是对薪酬体系在执行过程中与环境变化的不适应性进行调整，使其能更好地发挥薪酬的激励作用。

1. 奖励性调整

奖励性调整是指根据员工对组织的贡献给予相应的薪酬增加，以奖励员工做出的优良业绩。奖励性薪酬调整使用的时机一般是在员工取得突出成绩之后，旨在促使受到奖励的员工保持这种良好的工作状态，并激励其他员工向其学习。奖励的薪酬形式和方法多种多样，有货币性和非货币性的，有立即支付或将来支付的，有一次性享受、分阶段享受或终身享受的。

2. 效益性调整

效益性调整是指当本组织效益好、盈利多时，普遍提高全部或部分员工薪酬的形式，这类似不成文的利润分享制度。这种薪酬调整往往是浮动式的，并非永久性地增加薪酬，组织效益欠佳时则可能再调回原来的薪酬水平。效益性调整对员工的激励作用有限，因为它未能区分员工对组织效益提高的贡献程度，未能据此来调整员工的薪酬，因此，会影响那些贡献较大的员工的积极性，让"搭便车者"趁机获利，使用时要有"度"。

3.生活指数性调整

生活指数性调整是指为了补偿员工因通货膨胀而导致的实际收入减少或损失而普遍调高薪酬的情况，目的是使员工生活水平不致逐渐恶化，显示组织对员工的关怀。组织应根据一定的物价指数建立薪酬与物价挂钩的指标体系，在保持指标体系的数值稳定的同时，实现薪酬对物价的补偿。生活指数性调整常用的方法有两种：

（1）等比式调整。等比式调整是指所有员工都在原有薪酬基础上调升同一百分比，薪酬调升额不等。其优点是保持薪酬结构内在的相对级差，使工资政策结构线的斜率仍按原规律变化。缺点是薪酬偏高者，升资幅度较大，似乎进一步扩大了级差；薪酬偏低者可能产生"不公平"感。

（2）等额式调整。等额式调整是指按平均律为全体员工给予等额升资。其优点是对全体员工一视同仁，同等困难的解决。缺点是缩小了薪酬的级差，使薪酬结构关系和薪酬结构线的斜率按不同规律变化，动摇了原有薪酬结构设计的依据，造成混乱。

4.工龄性调整

工龄性调整主要是考虑到工龄的增加意味着工作经验的积累和丰富，代表着能力或绩效潜能的提高，且在本组织中工作的工龄又代表了员工对本组织的贡献和忠诚，所以许多组织设计了随工龄增加而提升薪酬的制度。常用的形式有两种：

（1）等额递增法。等额递增法是指工龄工资调整实行人人等额逐年递增的做法。但是，这种方法未能考虑工龄中含有绩效的成分，可能会出现重复计酬。

（2）工龄与考绩结果相结合法。这种方法把员工工龄与其绩效考核的结果结合起来作为提薪时考虑的依据，可以避免等额递增法的缺陷。

（三）薪酬沟通

薪酬沟通是薪酬管理的重要职能和技术。薪酬沟通贯穿于薪酬方案的制订、实施、控制、调整的全过程，是整个薪酬管理流程中不可或缺的重要一环。事实上，有关薪酬的信息如果得到及时的沟通，就会给薪酬管理带来很大的便利。成功的薪酬沟通应该能够与组织的整体经营战略一致，能够消除员工对新事物的顾虑并说服员工接受。

薪酬沟通的基本步骤如下：

1.确定沟通目标

当企业制订了新的薪酬方案或是对既有的薪酬方案进行了改动的时候，企业的薪酬政策以及薪酬方案的执行方式通常也需要进行相应的变革。比如，某企业在变革以前实行普遍加薪制度，即依据资历决定薪酬的增加，经过改革，新的薪酬体系改为以绩效为中心，同时建立了完备的奖金激励方案。在某种程度上讲，这种变革同时也是企业文化的转变，它使得企业更加侧重于责任的承担和对绩效的认可。如果员工不能迅速而准确地意识到这种组织文化和导向的转变，必然会给新方案的执行带来一定的困难。

因此，薪酬沟通不仅能够传达有关薪酬的最新信息，同时还能影响到员工的态度和行为方式，使他们按照组织希望的方式行事。在这种情况下，企业就薪酬问题进行沟通的目标就不仅在于把新的薪酬体系告知所涉及的员工和管理者，更重要的是要把它推销给整个企业，得到组织的认可和接受。而这一目的能否达到，会直接影响到薪酬体系的设计和执行结果。

为此，我们可以把企业薪酬沟通的目标概括为以下三方面：第一，确保员工完全理解有关新的薪酬体系的各个方面；第二，改变员工对于自身薪酬决定方式的既有看法；第三，鼓励员工在新的薪酬体系之下做出最大的努力。在企业的经营现实中，经过这样或那样的变动，上述三方面的目标可以适用于大多数薪酬沟通方案。此外，在这样三个总的目标之下，企业还可以根据自己的具体情况，结合想要达到的目的，再分别设计出更为具体的沟通目标。

2. 搜集相关信息

在确定沟通目标之后，下一个步骤是要从决策层、管理者以及普通员工中搜集他们对于薪酬体系的具体看法：既包括对现有体系的评价，也包括对未来变革的设想和期望。只有把这些信息和薪酬沟通目标结合在一起，才可以确保企业和员工的需要都得到关注和满足。此外，询问员工对薪酬体系的观点、看法以及相关态度，这本身已经表明了企业对员工所想所思的重视。同时，员工也能由此获得参与感，并增强对企业的认同，这些对于企业的经营成功都是十分重要的。

首先，从所要搜集的信息的内容来看，尽管不同企业在经营状况方面的差异很大，想要达到的目标也不尽相同，但还是有一些信息是值得所有企业都加以重视的。它们包括：员工对企业现有薪酬体系的了解程度如何？管理者和员工是否掌握了与薪酬方案有关的准确信息？员工对企业中的薪酬沟通状况持有怎样的看法？他们认为现在的沟通足够吗？企业采取的管理实践与他们想要传达的信息之间存在不符之处吗？是否存在这样的情况：公司宣称只有优秀的绩效才会得到奖励，而事实上所有的员工都得到了5%的加薪？在薪酬沟通方面，管理者是否掌握了就薪酬和福利进行有效沟通的技能？如果企业中已经有了有关薪酬改革的传言，员工对此持何种态度？他们认为这样做是必需的吗？他们的工作方式会因此而改变吗？在本企业的组织文化中，对薪酬公开或保密的有关态度是怎样的？管理者如果想向员工传达信息，需要实施哪些特定步骤？管理者和员工认为哪些沟通手段对于薪酬沟通来说是最有效的：书面文件、光盘、小型集会还是大型会议？

当然，上面列举出来的这些问题只是应该搜集的信息中的一小部分。取决于特定的沟通要求，在不同的情况下需要就不同类型的信息进行搜集。

其次，从信息搜集的方式来看，企业可以采取若干种不同的方式来进行信息的搜集工作，主要包括问卷调查法、目标群体调查法、个体访谈法等。

3. 制定沟通策略

在搜集到有关员工对薪酬方案的态度和心理感受的信息之后，可以着手在既定的目标框架之下制定薪酬沟通的策略。虽然已有的研究对于组织应该和员工就什么进行沟通、怎样进行沟通并没有明确的限制，但我们还是能够对企业的沟通策略进行分类。具体说来，有些企业采取的是"市场策略"。这种策略与向客户推销商品很相似，目标员工和管理者也充当了客户的角色，而组织的沟通目标在于有效控制客户对于薪酬方案的预期和态度，提高客户满意度。因此，这方面的相应措施可以包括：就客户对薪酬体系的反应进行调查，准确告知客户现有薪酬制度的优势和不足，以及对组织最新的薪酬举措进行宣传。

与之相对应，也有一些企业采取的是"技术策略"。这种策略不太重视薪酬政策本身的质量或优缺点，而是着眼于向客户提供尽可能多的技术细节。这些细节可能会包括：组织的具体薪酬等级、特定薪酬等级的上限和下限、加薪的相关政策等。通过这种做法，可以加深目标员工和管理者对于薪酬体系本身的认识和理解，更好地实现沟通的目的。

4. 选择沟通媒介

当企业开始着手确定沟通媒介的时候，一般都会面临着多种备选方案。它们在技术复杂程度上有所差异，沟通效果也有着显著的不同。具体说来，这些媒介可以被划分为四大类：视听媒介、印刷媒介、人际媒介以及电子媒介。

（1）视听媒介。

视听媒介涵盖的种类很多，包括幻灯片、活动挂图、电影、录像带和远程电子会议。与其他手段相比，远程电子会议这种视听手段的技术含量相对较高。借助于最新开发的电子沟通技术，它可以在沟通双方之间营造出生动、双向和有问有答的交流氛围，使得沟通的效果达到最大化。但是，也有专家建议说，为了有效地对沟通全程进行控制，充分发挥双方直接交流的效用，对参与会议的人数加以限制也是十分必要的。

此外，几乎在所有的沟通会议中，幻灯片、活动挂图都是经常会被采用到的手段。在记录与会者的讨论信息、突出重点和直观地进行展示方面，它们是尤其有效的。当然，对于组织而言，它的低廉成本也尤为可贵。

（2）印刷媒介。

一般情况下，薪酬手册、书信、备忘录、企业内部刊物、薪酬方案摘要和薪酬指南等都属于薪酬沟通时会使用到的印刷媒介；它们尤其适用于在有限时间内需要将特定的信息向大量员工进行传播的情况。也正是因为这样，当组织选择了远程电子会议等沟通手段

人力资源管理篇

时，通常也会把印刷媒介作为补充物或是参考资料。

（3）人际媒介。

在薪酬沟通的所有媒介中，人际媒介应该可以算作是最为有效的方式之一，毕竟薪酬沟通在本质上就是一种人际互动的过程。大型或小型的薪酬会议一般都可以给员工和管理者提供面对面的交流和互动的难得机会，而一对一的单独面谈更是有助于薪酬管理者发现诸多问题，包括薪酬沟通过程中可能会存在的缺陷。

相对来说，人际沟通的规模越小就越有利于双方就共同关注的问题进行深入交流。另外，在企业本身规模较大的情况下，这也意味着更多的财务支出和时间投入；同时，它对管理者的沟通技巧也提出了比较高的要求。

（4）电子媒介。

电子媒介是电子化的、以计算机为基础的一种沟通媒介，包括信息中心、电话问答系统、交互式个人电脑程序、E-mail系统等。在当代的信息社会里，它已经成为很多企业很重要的一种沟通手段选择。借助于这种沟通网络，管理者可以随时随地解决员工遇到的薪酬问题，就企业最新推出的薪酬和福利方案提供咨询，并为员工提供在线福利自选服务。在有些企业里，员工甚至可以根据自己的经济状况和掌握的信息，直接通过组织内部网络从企业的投资项目中撤出自己的份额。因而，电子技术已经在一定程度上改变了当今企业薪酬沟通的全貌。

5. 举行沟通会议

在任何薪酬沟通方案中，最重要的步骤可能是正式沟通会议的筹办和举行。这种会议一般会位于薪酬沟通流程的末期，目的在于就整个薪酬方案进行解释和推销工作。在一次典型的薪酬沟通会议上，企业一般会就薪酬方案的各个方面进行解释。这些方面包括：工作评价、市场数据调查和分析、薪酬等级的确定、奖金方案的制订、绩效评价体系以及薪酬管理方面的问题。当然，取决于企业的策略不同，不同企业提供信息的详细程度也是存在着很大差异的。同时，员工大多还会得到自己的职位说明书和一份详细的薪酬等级分布表，以及有关组织的团队奖金方案、绩效评价系统和薪酬管理体系等的书面说明。

6. 评价沟通结果

薪酬沟通的最后一个步骤是要就整个沟通流程的效果进行评价。对薪酬沟通结果进行评价的最佳时期是举行正式会议之后的4个月至6个月，而中间的这段时间间隔为员工消化薪酬信息、适应新的薪酬体系提供了一个缓冲的机会。与前面提到的信息搜集方法相似，我们亦可以采用问卷调查法、目标群体法或面谈的方法来对沟通结果进行评价。而在理想情况下，此处的调查对象和前面搜集信息的对象也应该是同一群人。这样，根据调查对象在沟通前后对特定问题回答情况的不同，企业就可以从中提炼出有关沟通是否有效的丰富信息。

一般说来，评价过程中可能涉及的问题大多会涵盖以下几方面：①企业内部成员对于薪酬和福利方案的理解达到了怎样的程度；②管理者和员工之间的沟通状况是否让人满意；③决策层传达的信息和他们采取的做法之间是否一致；④员工是否认为绩效和报酬体系之间存在着联系；等等。

类似的问题还有许多。正是借助这些问题，企业可以对沟通前后的具体状况进行比较，从而不仅能够对本次沟通效果做出中肯的评价，还可以给以后提供诸多有价值的经验和教训，这对企业进一步提高沟通和管理效率也是不无裨益的。

第二节　不同的薪酬体系

薪酬体系设计是一项十分复杂和重要的工作内容，薪酬体系是否合情合理，是否体现公平性，是否考虑竞争性，是否考虑各种影响因素都会决定薪酬体系执行的有效性。以下将从基本薪酬、奖励薪酬和福利三个部分阐述薪酬体系的构成。

一、基本薪酬体系

（一）基于职位的薪酬体系

基于职位的薪酬体系是指员工的薪酬或工资是按照员工在组织内所处的特定职位来发放的，员工薪酬的高低取决于这些职位的价值，而这些职位的价值又是根据一整套评价指标体系得出的。

由于员工实际的劳动付出是难以直接测度的，因此在支付劳动者报酬时，不得不采取一些间接的测度手段。因而，基于职位的薪酬体系实际上就是将员工在组织内所处的特定职位作为测度员工实际劳动付出的一个主要指标。职位薪酬的操作流程如下：

1.通过工作分析形成工作说明书，并进行工作评价

基于职位的薪酬体系是依据职位价值来确定薪酬水平的，因此，职位薪酬必须建立在工作分析和工作评价的基础上。工作说明书包括该工作的主要职责、业绩标准、工作条件、任职资格要求等。工作评价是通过采用一整套标准化、系统化的评价指标体系，对组织内部各工作的价值进行评价，得到各岗位的评价点值，该评价点值就可以作为确定该岗位薪酬水平的主要依据。

工作评价的方法一般有四种，分别是排序法、要素比较法、归类法和要素计点法。这四种方法各有特点，但在实践中最常用的还是要素计点法。

（1）排序法。排序法即按照各个职位的价值大小进行排序，是最简单的一种职位评

人力资源管理篇

价方法。由于没有客观的评价标准，评价的主观性较大，而且各职位间确切的差距也不清楚。

（2）要素比较法。要素比较法是排序法的延伸，不过排序的标准和方法更为复杂。要素比较法是根据不同的薪酬要素对典型职位进行多次排序，以确定典型职位之间的相对价值，然后再通过比较其他职位与典型职位的差异，来确定所有职位的相对价值。而且在职位排序的时候，要素比较法已不再是单纯地比较职位之间的相对价值，而是把薪酬的因素也考虑进来。因此，尽管要素比较法客观明确，但是操作起来却非常复杂，此处不做过多的解释。

（3）归类法。归类法是指按照一定的标准将职位归入事先确定的等级中的评价方法。在使用该方法时，薪酬管理人员应首先确定职位等级的数量。组织内职位数量越多、职位种类越复杂，职位等级也就相应越多。然后从工作责任、工作技能、工作条件和努力程度四方面着手确定薪酬要素，并根据报酬要素确定各个职位等级的定义。最后根据每个职位的工作说明书，对照职位等级定义，将职位归入与等级定义相同的或最为类似的等级中去。

归类法也是一种比较简便的方法，尤其是当职位数量较多时，它比排序法更节省时间。但这种方法的缺点是，当职位类型差别较大时，很难建立通用的职位等级，另外，与排序法一样，无法准确衡量各职位之间的价值差距。

（4）要素计点法。要素计点法主要是根据各个职位在薪酬要素上的得分来确定它们的相对价值的一种方法。主要步骤如下：

第一，确定薪酬要素，划分每个薪酬要素的等级。如归类法一样，要素计点法中的薪酬要素仍然可以确定为工作责任、工作技能、工作条件和努力程度四个类别，每一要素类别内可以设置多个要素指标。薪酬管理人员可以根据实际情况增加或减少薪酬要素类别以及要素指标。在确定薪酬要素之后，根据重要程度将每个要素指标划分为若干等级。等级的划分取决于组织内部各职位在该要素指标方面的差异程度，差异程度越大，划分的等级就越多。另外，需要注意的是，薪酬管理人员一定要对薪酬要素以及各要素相应等级的含义做出明确的界定。

第二，确定每个薪酬要素及其等级的点值。首先应当确定总的评价点数，总点数的大小以能够清楚反映各职位之间差异为宜。一般来说，企业的职位种类越多、种类之间的差异度越大，总点数也就越大。然后将总点数依次分配到各个薪酬要素大类、薪酬要素指标以及要素指标的各个等级。分配点数的依据是要素大类、要素指标以及各个等级的权重，权重可以通过经验方法或统计方法得出。

第三，确定组织内每个职位的点值。前述步骤为职位评级确定了基本标准，接下来就是按照这套标准体系来对组织内各个职位进行具体的评价，并计算出每个职位相应的点数。

具体的方法是：对照工作说明书，确定被评价职位所包含的薪酬要素指标以及所处的等级，从而确定各薪酬要素指标的实际评价点数，然后将全部薪酬要素指标的实际评价点数加总，就得到该职位的最终评价点数。比较各职位的最终评价点数，就可以确定它们之间相对价值的大小。

理论上讲，只有应用要素计点法对组织内所有职位进行评价，职位之间的相对价值才是可信的，但这样做的成本会比较高。在实际工作中通常是选择各类职位的典型职位进行评价，然后再通过比较其他职位与典型职位，来确定所有职位的相对价值。

与前三种方法相比，要素计点法是一种量化方法，它可以准确衡量出各职位之间的价值差距。其缺点是操作起来比较麻烦，此外，这种方法也不可能绝对杜绝主观因素的影响，例如要素指标选择、权重和点数分配都会受到主观判断的左右。

2. 在准确界定外部劳动力市场的基础上进行市场薪酬调查

通过对外部市场尤其是竞争者薪酬水平进行调查，并将外部薪酬调查的结果与工作评价的结果相结合，企业就可以确定反映各岗位平均市场价值的薪酬水平。

薪酬调查是指组织收集本地区或本行业其他企业的薪酬信息，从而确定市场薪酬水平的过程。

薪酬调查的第一步是确定所须调查的典型职位，然后从外部市场获取有关这些职位的薪酬信息。之所以要进行这种选择，是因为典型职位是组织内具有代表性的职位，同时也是行业内普遍存在的通用职位，这样做有利于节约成本。如果职位仅仅是组织所独有的，对这些职位进行调查是没有意义的。

薪酬调查的第二步是确定调查的范围和对象。调查对象主要包括同一行业的企业和同一地域具有类似职位的企业。在选择调查对象时，还要注意对象的规模。调查的内容和项目通常是在调查表中显示的，包括职位基本信息、薪酬要素信息、调查对象基本信息、任职者基本信息、职位的总体薪酬结构和水平。

最后就是实际开展调查，汇总和整理调查结果，并对调查获得的数据信息进行统计分析。薪酬调查获得的数据可以有两类用途：其一是参考某个职位的市场薪酬数据，然后制定企业相应职位薪酬水平；其二是通过统计方法（如回归分析）得到市场薪酬线，并在此基础上制定薪酬政策线。

3. 确定组织的薪酬竞争政策

企业是否完全按照市场薪酬线来确定实际的薪酬水平，取决于企业的薪酬竞争战略。所谓薪酬战略就是企业在薪酬问题上的市场定位，包括领先型、匹配型和拖后型三种。领先型战略即企业的薪酬水平高于相关劳动力市场的平均水平，在这种战略指导下，企业薪酬政策线要高于市场薪酬线；匹配型战略即企业的薪酬水平与相关劳动力市场的平均水平大致相当，这种战略的薪酬政策线与市场薪酬线重合；拖后型战略即企业的薪酬水平落后于相关劳动力市场的平均水平，采用这种战略的企业，其薪酬政策线要低于市场薪酬线。在市场薪酬线的基础上，企业可以结合自己的薪酬战略，制定企业薪酬政策线，确定企业内各职位的实际薪酬水平。

4.建立薪酬结构

理论上讲，在确定企业的薪酬政策线之后，各职位的实际薪酬水平已经确定，似乎企业的薪酬结构就已经确立。但在实践中，这种做法是不现实的。尤其是当企业职位较多时，为每一个职位设定一个薪酬水平，后续的薪酬管理工作将会很麻烦，管理成本也会很高。另外，这种薪酬结构也不利于工作轮换，例如，由点数为81的职位轮换到点数为80的职位时，其薪酬水平就会降低，这样正常的职位轮换就变成降职处分了。通行的办法是将评价点数比较接近或者排序位置相邻的多个职位划为一个等级，而且每一个等级确定一个薪酬浮动区域，同时，企业还有必要为每个工作确定一个价值和薪酬区间，它包括中点工资、最高工资和最低工资，相邻等级薪酬之间相互重叠，构成薪酬等级结构。

需要指出的是，实际生活中不存在绝对完美的薪酬结构，薪酬管理人员必须结合组织的实际情况和发展战略，综合考虑各种薪酬结构的管理成本、公平性和灵活性，从中选择与组织最匹配的薪酬结构，还应根据内外环境的变化对薪酬结构进行相应调整和完善。

（二）基于技能的薪酬体系

基于技能的薪酬体系通常是指两种以员工个人为基础的薪酬方案：其一是知识薪酬，即以员工个人所拥有的专业知识作为组织支付薪酬依据的薪酬方案；其二是技能薪酬，即以员工个人所拥有的专业技能作为组织支付薪酬依据的薪酬方案。

职位薪酬是基于组织内现有职位数量和结构而构建的薪酬体系，员工的实际薪酬收入取决于他本人所占据的职位。与职位薪酬不同，技能薪酬是以员工个体所具备的知识和技能作为制定薪酬的标准。因此，在技能薪酬体系下，组织考核的重点是员工的知识和技能高低，以及特定知识和技能对于组织的价值。当员工个体的知识技能不变的情况下，职位变迁对他本人的实际薪酬水平没有影响。这意味着组织内的职位安排可以有更大的灵活性。不过在本质上，技能与职位是一样的，都是员工实际劳动付出的间接测度手段。

技能薪酬的设计基础在于确定技能的价值，而技能的价值又是以组织目标以及为实现组织目标所必须完成的各项工作任务为依据的。对组织而言，如果某项技能对于完成组织目标毫无帮助，那么不论其如何难以获得，都是没有价值的。因而，技能价值的确定乃至技能薪酬的设计也是从工作分析开始的。

1.工作分析

设计技能薪酬的第一步是工作分析。但是与职位薪酬不同,技能薪酬工作分析的目的是确定完成特定任务所需的技能,而不是确定职位职责。职位与技能之间的关系很复杂,同一职位可能需要多种技能;反过来,不同职位都可能需要同种技能。因此,从某种意义上说,技能薪酬的工作分析过程也是组织工作流程的再设计。

2.技能分析

根据员工从事工作的性质,员工可能掌握的技能可以从三个维度来考察。

第一,技能宽度,是指员工掌握的与某项具体工作相关的技能种类。员工掌握多种技能,就可以在多个职位上进行轮换,同时可以帮助其他员工完成工作。那些能够掌握多种技能的员工通常被称为通才。

第二,技能深度,是指员工所掌握特定技能专业水平的高低。技能深度越浅,说明技能越简单,员工掌握起来越容易;技能深度越深,技能越复杂,员工掌握起来也越困难。那些能够掌握深度技能的员工通常被称为某类工作的专家。

第三,技能垂度,是指员工自我管理的能力和限度。此处的技能主要是指管理方面的技能,主要包括时间规划、领导、协调、控制等,具有较高程度垂直技能的员工能够更好地从事团队任务。

3.技能模块的界定与定价

在技能分析的基础上,薪酬管理人员需要建立相应的技能模块。技能模块是由特定宽度、深度和垂度范围内的技能构成的组合。

每一个技能模块一般由三种技能要素构成,包括基础技能、核心技能和选择技能。基础技能是特定技能模块的入门技能,是员工获得该技能模块核心技能前所必须具备的技能。核心技能是完成特定工作任务必须达到的关键性技能要求。选择技能是附加的某些管理技能,如判断能力、应变能力和沟通能力等。

在确定技能模块之后,就要对这些模块进行定价。技能模块定价包括两方面的工作:

一是确定技能模块的相对价值。确定技能模块的相对价值是为了保证技能薪酬的内部一致性。技能的价值至少可以从两方面来评价:首先是技能获取的难度。难度越大,价值越高。技能获取的难度可以从培训时间、培训费用,接受培训的生理、心理、资历和基础知识条件,通过培训检测的概率等多个方面来考察。其次是技能模块相对于组织的重要性。这可以从失误的后果、技能的价值贡献、监督责任、教育责任等多个方面来考察。技能模块相对价值的评价方法可以参照工作评价的方法,如归类法、排序法或者计点法等。其评价结果可以是量化的点数,也可以是相对次序。

二是进行外部市场调查。与职位薪酬类似,技能薪酬的外部市场调查也是选择与外部竞争组织相对应的典型技能模块，寻找技能模块点数与薪酬水平之间的关系，以保证技能薪酬的外部竞争性，从而确定组织内技能模块的市场薪酬线和薪酬政策线。需要指出的是，有一些企业是行业创新者，行业中尚未有太多的竞争性企业，直接获得相应技能模块的市场薪酬水平可能比较困难，这需要市场调查人员采取某些转化手段，利用职位薪酬的市场数据来间接估计技能薪酬的市场水平。

4. 员工技能鉴定

员工技能鉴定需要确定三方面的内容：鉴定者、鉴定内容、鉴定方法。鉴定者可以来自企业内部，如员工的上级、同事，也可以来自企业外部，如政府机构、学校、培训机构的业内专家等。一般来说，由来自多方面的专业人士组成一个技能鉴定委员会，可以保证鉴定结果更加公正、客观、可信。鉴定内容通常是根据企业的技能模块的要求来设计的，由于技能模块一般包括基础技能、核心技能和选择技能，相应地，技能鉴定内容也就包括这些技能的培训课程或培训项目和要求达到的分数，以及这些技能的实际运用情况，包括实际的业绩和失误等。鉴定的方法多种多样，包括笔试测验、现场操作、情景模拟等。方法的选择关键在于同所要考察的内容相匹配，同时也要考虑鉴定的成本。

对于实行技能薪酬的组织来说，员工技能的鉴定是一项重要的日常工作，组织需要定期或不定期举行。大型的、全面的、定期举行的技能鉴定活动可以同组织的技能培训工作相结合，同时可以督促员工不断提高自身的技能水平。而一些小型的、单项的、不定期的能力鉴定可以同某些技能竞赛相结合，既可以方便地获得员工相应的技能信息，也可以调动员工学习技能的积极性，以迅速地推广某些新技能。

5. 建立技能薪酬结构

对于实行职位薪酬的组织，薪酬结构设计的出发点在于实现成本节约、薪酬公平和管理灵活三个目标，同时还要保持这三个目标之间的动态平衡。而对于实行技能薪酬的组织来说，将评价得分接近的多个技能模块划入同一技能等级，显然可以节约薪酬管理成本，尤其是对于那些技能模块较多的组织，管理成本的节约会更加明显。但是对同一等级中实际得分不同的技能模块，实行相同或类似的薪酬水平同样也会引起有关公平性的争议。因此，在技能薪酬的结构设计中，需要对成本节约和薪酬公平这两个目标也给予足够的重视。

而对于管理灵活性的问题，技能薪酬和职位薪酬的设计思想几乎是背道而驰的。职位薪酬体系的薪酬浮动区间和重叠结构这两种设计的目的在于增加管理上的灵活性。对于实行技能薪酬的组织而言，薪酬水平取决于员工掌握的技能而不是所从事的工作和所处的职位。换言之，员工收入水平的提高更多地取决于他在技能学习方面花费的努力，而不受职位空缺的限制。如果技能模块之间薪酬水平有较大差别，而且员工对技能模块的选择不受限制，多数员工就可能会选择学习那些薪酬水平较高的技能，而忽视另一些薪酬水平较低的技能。当这两类技能模块在学习上不具有严格递进效果时，员工的整体选择偏好可能会使得组织由于缺乏精通某些技能的员工而无法平稳地运行，甚至瘫痪。因此，在某种意义上，技能薪酬结构设计的重点恰恰在于限制它的灵活性，以保证组织运行的平稳性。

由于不同的组织对技能等级内的基础技能、核心技能和选择技能的具体要求也各不相同，从而也就形成不同内涵的技能薪酬结构设计，组织可以根据具体情况进行选择。

（1）阶梯模型。所谓阶梯模型不仅是指技能等级的薪酬水平像楼梯一样，随着技能等级所包含技能的难度、复杂性的提高而提高，而且是指员工在沿着技能等级阶梯上升时，不许出现跳级现象。

之所以采用阶梯模型，一种情况是因为组织内技能等级之间具有客观的学习递进效果。所谓学习递进效果是指，员工在掌握较低等级技能之前，根本没有能力接受较高等级的技能培训，而不得不循序渐进。多数深度技能具有这样的特点。另一种情况则是员工在掌握较低等级技能之前，不允许接受较高等级的技能培训和技能鉴定。无论出于何种情况，阶梯模型基本上保证了员工中的技能分布与组织任务之间的匹配，因而与职位薪酬结构最为接近。

（2）技能模块模型。技能模块模型是指员工在掌握入门技能后，就可以根据自己的实际情况选择技能等级，参加相应的培训和技能鉴定。它与阶梯模型不同的是它允许员工跳级。

虽然各个技能等级都有相应的基础技能、核心技能和选择技能的要求，但是较高等级与较低等级在技能要求上并不具有严格的递进关系，组织也不要求员工严格按照等级阶梯循序渐进。员工实际掌握的技能完全取决于员工的选择偏好以及能力水平。因此，为保证技能分布与组织任务之间的匹配，技能等级以及各等级的内容设计必须与组织员工的实际能力匹配。例如，为了控制较高技能等级的员工数，可以加大该等级的课程难度或者提高能力鉴定的标准。如果组织内员工能力素质普遍较高，组织还可以通过技能竞赛的方式，按比赛成绩的顺序筛选适当数量的员工进入某一技能等级。

与阶梯模型相比，技能模块模型更能体现员工的能力水平，也更有利于激发员工学习技能的积极性，但是在组织运行的稳定方面相对较差。

（3）积分累计模型。对一些组织来说，某些技能如客户技术可能需要组织内所有员工都能够熟练掌握。因此，如果将这项技能作为所有技能等级的基础课程或者核心课程，那么即使允许员工自由选择技能等级，也能保证这类技能的普及，进而有利于组织目标的实现。另一种办法是组织并不严格规定每个技能等级的课程内容，而是规定每项技能课程的学分，以及每个技能等级所要求达到的总学分，这样员工可以按照自己的偏好在多种技能中进行选择和组合。只要这些课程组合的总分达到某一等级的学分要求并通过相应的能力鉴定，他就可以获得该等级的薪酬收入。为了保证特定技能的普及，组织可以加大这些技能的分值，引导员工在进行技能选择和组合时，优先选择这类技能。这就是所谓的积分累计模型。很显然，这种模型的灵活性介于阶梯模型和技能模块模型之间。

虽然技能薪酬在设计技术、管理手段等多个方面还不很成熟，但其无疑会越来越重要。对大多数组织来说，作为一种管理策略，可以将职位薪酬与技能薪酬结合起来使用。当然在结合过程中，可以针对组织内不同的人员类型，赋予这两类薪酬体系不同的权重。

二、奖励薪酬体系

基本薪酬体系是针对员工为企业做出一般意义上的贡献所支付的报酬。但是为鼓励员工能够为企业做出超乎寻常的贡献，只有通过设计合情合理的奖励薪酬体系，才能发挥应有的激励功能。员工的基本薪酬体系一般是相对固定的，当有超额劳动产生时，奖励薪酬则会有较多的灵活性来奖励员工的超额劳动。

（一）一线员工的奖励薪酬

一线员工奖励薪酬体系设计的基本思路是：将员工在职位中因较高效率而节约的人力资源成本全部或部分作为奖励依据，以激励其在企业人力资源投入的节约上做出超乎寻常的努力。一般体现为以下两种具体制度：

1. 按件计酬制度

奖酬体系以与完成职位工作量的件数相联系的薪酬率作为奖酬计量的变量之一。当员工完成工作的件数达不到某一确定的标准时，企业给其支付基本薪酬；当员工完成职位工作的件数高于某一确定的标准时，按其超额完成的件数计量奖酬。

2. 按时计酬制度

奖酬体系以与职位工作时间相联系的薪酬率为奖酬计量的变量之一。当员工的职位效率高于某一确定的标准，在得到基本薪酬的同时还可以因高效而获得企业的奖酬。

（二）销售人员的奖励薪酬

销售人员的职位具有很大特殊性，销售的达成既是企业整合力量的充分体现，又取决于个人的技术水平和努力程度。根据在营销过程中这两种因素重要程度的权衡对比，销售人员的奖酬体系设计思路可以从以下三种形式来考虑：

1. 固定薪金制

固定薪金制是指在一定时期内，销售人员的薪酬与其个人的职位工作业绩没有必然的联系。在此意义上可以说，固定薪金制不是销售人员的奖酬制度，而是基本的薪酬内容。销售人员的固定薪酬由两部分内容组成：一是基本薪酬，二是奖励薪酬。而这两部分内容在一定时期内与个人的职位绩效都没有紧密的联系。

固定薪金制的优点是企业将其营销效果主要维系在企业的整体实力上，可以强化销售人员的团队意识，不断放大企业的营销优势，克服了佣金制给企业带来的弊端；但缺点是销售人员的积极性有可能受到压抑。

2. 佣金制

佣金制是指销售人员的薪酬完全按其销售量或销售额的一定比例来提取。决定销售人员薪酬的主要变量有两个：一是销售人员一定时期内的销售量或实现的利润量；二是销售人员可得到的提成比例。

佣金制的优点是能较为充分地调动销售人员的积极性，可以使销售人员注意以尽可能少的营销投入得到尽可能多的营销产出；缺点是销售人员对企业具有较大的离心倾向。

3. 佣金与薪金混合制

在这种制度下，销售人员的薪酬总额由两部分组成：一是基本薪酬，它与销售人员的职位业绩完全没有联系；二是佣金，它与销售人员的职位业绩相关。考虑到销售人员有旱涝保收的基本薪酬，他们的提成比例较佣金制会相对低一些。

佣金与薪金混合制可以在一定程度上兼有佣金制和固定薪金制的优点，也可以在一定程度上中和两种制度的缺点。

（三）管理人员的奖励薪酬

由于管理岗位没有可量化的物质产出，其业绩主要体现在两方面：一是管理对象的工作绩效，但员工的绩效与管理人员并不明显存在一一对应的逻辑关系；二是企业的整体绩效，企业的经营是各部门通力协作、系统运行的结果。在实际工作中，为顺应管理职位与员工绩效之间的逻辑关系，维护或强化部门内外的协作关系，企业设计管理人员的奖酬体系一般采用以下几种方式：

1. 收益分享计划

收益分享计划实际上是将由于成本节约而带来的收益在企业与员工之间分摊的一项计划。收益分享计划是以组织绩效为导向的奖酬制度，同时衡量绩效因素具有一定的可控性，因此，非常适用于对管理人员的激励。

收益分享计划包括斯坎隆计划和鲁卡尔计划两种形式。

斯坎隆计划的操作步骤：第一，确定收益增加的来源，将所有来源的收益增加额加总；第二，确定收益增加净额和可分配收益总额；第三，用可分配收益总额除以工资总额得出分配的单价，用员工个人工资额乘以单价，就可以得到该员工分享收益的总额。

鲁卡尔计划的操作步骤：第一，确定员工对价值增值的贡献率；第二，确定预期生产价值；第三，确定生产成本节约总额；第四，确定可分享的生产成本节约总额；第五，根据员工实际工资占总额的比例分享上述净值。

2.股权计划

它是企业以股票为媒介所实施的一种长期激励的计划，它将员工利益与企业整体绩效结合起来，克服了收益分享计划中的短期行为。一般情况下，这种计划主要针对企业高中层管理人员。常见的股权计划可以分为三类：现股计划、期股计划和期权计划。

现股计划是指公司通过奖励的方式向员工直接赠予公司的股票，或者参照股票当前的市场价格向员工出售公司的股票，使员工立即获得现实的股权。这种计划一般要求员工在一段时间内不得出售所持股票，这样可以促使员工更加关心企业的长远发展。

期股计划是指公司和员工约定在未来某一时期员工要以一定的价格购买一定数量的公司股票。购买价格一般参照股票当前价格来确定，如果未来股票价格上涨，员工按照约定价格买入股票就可获得收益；如果未来股票价格下跌，员工就会有损失。

期权计划是指公司给予员工在将来某一时期内，以一定价格购买一定数量公司股票的权利，员工到期可以行使这种权利，也可以放弃这种权利。购买股票的价格一般参照当前的市场价格。

3.团队奖励计划

许多组织在未做好在整个组织中推行可变薪酬计划准备的时候，会首先在一些特定的职位群体团队中试行这种奖励计划。管理人员在这种奖励计划中所获得的奖金是以团队绩效为依据的。

第三节　员工福利管理

一、福利的概念及特点

福利是指企业基于雇佣关系，依据国家的强制性法令及相关规定，以企业自身的支付能力为依托，向员工所提供的、用以改善其本人和家庭生活质量的各种以非货币工资和延期支付形式为主的补充性报酬与服务。[①]

与直接薪酬相比，福利具有两个重要的特点：一是直接薪酬往往采取货币支付和现期支付的方式，而福利多采取实物支付或延期支付的形式；二是直接薪酬具有一定的可变

---

① 　姚凯.企业薪酬系统设计与制定[M].成都：四川人民出版社，2008：231.

性，与员工个人直接相关，而福利具有准固定成本的性质。

企业为员工发放福利有自身独特的优势：①福利的形式灵活多样，可以满足员工不同的需要；②福利具有典型的保健性质，可以减少员工的不满，有助于吸引和留住员工，增强组织的凝聚力；③福利还具有税收方面的优惠，可以使员工得到更多的实际收入；④由组织集体购买产品，具有规模效应，可以为员工节省一定的支出。

但是，福利也存在一定的问题：①由于它具有普遍性，与员工个人的绩效并没有太直接的联系，因此，在提高员工工作绩效方面的效果不如直接薪酬那么明显；②由于福利的保健性质，一旦发放就很难将其取消，结果导致福利不断膨胀，从而增加组织的负担。

二、福利的类型

福利的分类方法有很多种，如从员工属性上可以分为个人福利和集体福利，从性质上可以分为法定福利和企业补充福利。本书选择后一种分类方法进行讲述。

（一）法定福利

法定福利指政府通过立法形式，要求企业必须提供给员工的福利和待遇，主要包括员工的社会保障体系、社会保险项目以及各类休假制度。

社会保障体系是一种公共福利事业和社会救助体系，其目的是保障社会成员在遇到风险和灾难之时，可以通过国家和社会的力量为其提供基本的物质保障。我国现行的社会保障体系包括社会救济、社会保险、社会福利和社会优抚。其含义见表7-1[①]：

表7-1　我国现行的社会保障体系

类型	内容
社会救济	针对灾民、残疾人、贫困户等社会贫困者
社会保险	养老保险、医疗保险、工伤保险、失业保险、生育保险、住房公积金，针对工资劳动者
社会福利	公共设施、居民住房、财政补贴、生活补贴、集体福利等，针对全体居民
社会优抚	退伍军人安置、军人军属优待、烈属抚恤，针对军人及其家属

社会保险是社会保障制度的核心，目的是使劳动者在因为年老、患病、生育、伤残、死亡等暂时或永久丧失劳动能力时，或因失去工作岗位而中断劳动时，能够从社会获得物质帮助和福利保护。它的运作方式是国家通过立法形式，采取强制手段，对国民收入进行分配和再分配，形成专门的消费基金，当劳动者遇到风险时，提供基本生活保障。

法定假期是指企业职工依法享有的休息时间。在法定休息时间内，职工仍然可获得与

---

① 杨红英.人力资源开发与管理[M].昆明：云南大学出版社，2014：224.

工作时间相同的工资报酬。我国《劳动法》规定的职工享受的休息休假待遇包括：劳动者每日休息时间；每个工作日内的劳动者的工间、用膳时间、休息时间；每周休息时间；法定节假日放假时间；带薪年休假休息；特殊情况下的休息，如探亲假、病假休息等。

（二）企业补充福利

企业补充福利是指企业自行规定和提供的福利和服务，包括带薪休假、人寿保险、教育计划、医疗保险和服务、儿童福利以及员工的一些生活娱乐服务等。目前主要有企业补充养老保险、企业补充医疗保险、企业年金计划等。

企业补充养老保险是指由企业根据自身经济实力，在国家规定的实施政策和实施条件下为本企业职工所建立的一种辅助性的养老保险。企业补充养老保险费可由企业完全承担，或由企业和员工双方共同承担，承担比例由劳资双方协议确定。

企业补充医疗保险是指企业在参加基本医疗保险的基础上，根据自身的经济承受能力，本着自愿的原则，自出资金，对本企业职工超出基本医疗保险基金支付以外的医疗费用实行医疗补助的医疗保险。

企业年金计划即企业养老金计划，是指企业及其职工在依法参加基本养老保险的基础上，自愿建立的补充养老保险制度，是多层次养老保险体系的组成部分，由国家宏观指导、企业内部决策执行。企业年金不同于养老保险之处在于，企业年金的享受权发生在退休之后，企业经济效益好坏、个人贡献大小等，都可以导致企业年金水平不同。

三、福利管理及其发展趋势

（一）福利管理的内容

福利管理中确保决策公平是影响员工福利满意度的重要因素。同时，又要注重降低福利成本，实现福利资源的效用最大化。福利管理的内容包括福利设计、福利实施管理、福利效果评估与调整等。员工福利管理中应遵循的原则如下：

1.公平性原则

员工福利管理的公平性：一是强调所有员工都应享有员工福利；二是福利的管理工作要确保程序公平、结果公平和交往公平，以提高员工满意度为目标，增强员工对企业的忠诚度和归属感。

2.激励性原则

激励性主要是指通过设置符合员工需要的福利项目、调节员工福利的分配方案、改进员工福利管理的方式方法以改善员工福利的效果，从而达到激励和引导员工的目的。

3.经济性原则

由于福利构成的多样性，福利管理中要求管理者必须综合考虑员工的基本要求、其他相似组织提供的福利待遇、纳税负担、成本增长以及法律问题等。特别是由于许多福利更多地基于固定的成本而非可变成本，所以管理中必须确定能否在经济条件不佳的情况下负担。如果制止或强行保留某项福利待遇，那么取消该福利待遇的负面影响将大于维持它所产生的积极作用。为了减小负面影响，避免不必要的费用，许多雇主要求员工支付某些福利的一部分，特别是医疗方面的福利。在整个过程中，福利体系的管理者期望找到能节约成本的福利。

（二）福利管理的发展趋势——弹性福利

福利构成的多样性以及不同员工对于福利需求的差异性，使得在现代福利管理的过程中更加注重员工福利的个性化，出现了福利弹性化的趋势。弹性福利制又称为"自助餐式"福利，即员工可以从企业提供的一份列有各种福利项目的菜单中自由选择所需要的福利。弹性福利有以下几种主要形式：

1.附加性弹性福利

附加性弹性福利是最普遍的弹性福利制，就是在现有的福利计划之外，再提供其他不同的福利措施或扩大原有福利项目的水准，让员工去选择。例如：原来的福利计划包括房屋津贴、交通补助、免费午餐等，实行附加性弹性福利后，可以在执行上述福利的基础上额外提供附加福利，如补充养老保险、补充医疗保险等。员工要根据自己分配到的限额来认购所需要的额外福利；有些公司甚至还规定，员工如果未用完自己的限额，余额可折发现金，不过要和其他所得合并，而且还要缴纳所得税；此外，如果员工购买的额外福利超过了限额，也可以从自己的税前工资中扣抵。

这种类型的优点是增加了员工选择范围，进而充分满足了员工的需求；缺点是选择增多，导致操作复杂，增加管理成本。

2.核心加选择型弹性福利

核心加选择型弹性福利就是由核心福利项目和选择福利项目组成福利计划。核心福利是所有员工都享有的基本福利，不能随意选择；选择福利项目包括所有可以自由选择的项目，并附有购买价格，每个员工都有一个福利限额，如果总值超过了所拥有的限额，差额就要折为现金由员工支付。福利限额一般是未实施弹性福利时所拥有的福利水平。

核心加选择型弹性计划和附加性福利计划最大的不同在于核心福利部分，后者的核心福利完全取自原来的福利项目，附加的项目则是新增的；而前者是重新设计了一套福利制度，如果公司以前就有福利制度的话，那么在新制度中要全部重新调整，以决定新的福利计划要包括哪些项目以及哪些项目属于核心项目、哪些项目属于选择部分。

这种类型的优点是可避免员工做出不适当的选择而造成自身利益受损；缺点是弹性选择的范围比单纯附加型小。

3. 弹性支用账户

弹性支用账户是一种比较特殊的弹性福利制。员工每一年可从其税前总收入中拨取一定数额的款项作为自己的"支用账户"，并以此账户去选择购买雇主所提供的各种福利。拨入支用账户的金额不须扣缴所得税，不过账户中的金额如未能于年度内用完，余额就归公司所有；既不可在下一个年度中并用，也不能够以现金的方式发放。

这种类型的优点是福利账户的资金免缴税，相当于增加净收入，所以对员工极有吸引力；缺点是行政手续较为烦琐。

4. 福利套餐

福利套餐是指员工可以在许多率先安排的福利计划包中进行选择。通常至少有一个福利包是可以免费获得的，如果员工选择了价值更高的福利包，员工应该为此付费。福利包的项目有些是免费的，有些是要支付一定费用的，有些则是负支付。负支付意味着选择它的员工可以获得现金补偿。福利包收费取决于两个因素：一是福利选择是否包括家属医疗保险；二是是否可以选择健康维护组织和优先医疗服务组织。

这种类型的优点在于，相对于核心附加计划，逆向选择在套餐式计划中更容易控制，同时套餐式计划更易于沟通；缺点是管理比较繁杂。

优化创新篇

第八章 人力资源优化管理及新趋势探微

第一节 人力资源优化管理的基本路径

一、准确界定企业人力资源管理工作的原则

做好新时代的企业人力资源管理工作，必须深入分析现代企业经营管理模式的发展变化以及企业内外部市场环境的变革等多方面因素，明确人力资源管理的基本原则遵循，重点应该突出以下几方面：

一是坚持战略导向的原则。人力资源工作的开展必须围绕企业的战略发展方向进行布局，科学合理地制订企业人力资源发展和管理规划，通过对企业自身人力资源的有效整合，以人力资源要素驱动形成核心竞争力，进而推动战略发展目标的实现。

二是坚持业务导向的原则。在企业的经营发展过程中，业务是企业生存的核心问题，进行人力资源管理优化设计，根本上也是为了促进企业业务的更好发展，因而在人力资源工作体系的设计方面，应该更多地关注企业内部业务部门发展的实际需要，抓住业务活动的关键环节，及时调整人力资源工作措施。

三是坚持系统性的原则。对于企业人力资源工作的开展，应该将其作为整体系统化的考虑分析，把人力资源管理的各个模块统筹起来，增强内部管理的协调性、配合性，构建系统完备的人力资源管理系统。

四是坚持循序渐进的原则。人力资源工作体系的建立，应该与企业所处的发展阶段相适应，按照企业所处的阶段以及生命周期，及时跟进革新完善人力资源工作理念认识，科学规划具体的管理内容及操作流程，增强人力资源工作的科学性。

二、优化人力资源招聘配置管理

招聘和配置工作是整个人力资源工作链条中的首要环节，也是非常重要的影响因素。首先，对于员工的招聘活动，重点应该持续扩大人员招聘途径，优化招聘活动工作流程，拓宽招聘信息的发布渠道，根据企业战略发展、业务活动的实际情况等，加大人员招聘的

筛选力度，按照岗位特点的不同等制定科学的测试方式，进一步提高企业员工的招聘质量。在招聘活动中，应该注重突出招聘的重点，特别是对于单位的知识技术密集型岗位，应该突出专业知识的考核，确保招聘人员具备岗位所要求的专业技术能力。

其次，应该确保人力资源配置的合理性。在人力资源的具体配置方面，应该准确地进行职位描述，对于单位内部不同部门职位的具体设置、岗位名称、资格任务以及工作项目等进行明确，并进一步细化明确岗位的任职资格，尤其是任职者所需要具备的技能知识、综合能力、个性特征、工作经验等多方面的情况，进而根据职位需求等来合理地进行人力资源的配置，确保人岗相宜，最大限度发挥企业员工的工作积极性，促进人力资源效能和价值得到充分利用。

三、创新人力资源培训的形式内容

培训是人力资源开发利用非常重要的手段，增强培训工作的实效性，是改进管理体系的关键内容。

首先，应该结合企业的实际情况，制订科学合理的人力资源培训计划，在培训计划的具体制订方面，应该完善培训需求的分析，进行系统深入的调查研究以及科学分析，综合采取访谈、调查问卷、关键事件、观察、绩效分析、经验判断、胜任能力分析、专项测评以及头脑风暴等多种方式，开展培训需求的调研分析，明确单位不同部门员工群体的职业素养、专业能力短板以及员工的职业发展需求等，综合分析多方面因素制订合理的培训计划，明确人力资源培训的基本原则、对象内容、方式方法等一系列的内容，增强人力资源培训工作针对性。

其次，应该注重创新丰富培训的内容，科学合理地设计培训课程，增强培训的实效性。对于企业内部的一线人员以及普通员工等，应该重点突出企业的战略发展规划、员工的职业生涯规划、企业内部规章制度、职业技能、企业文化等方面开展培训活动，可以采取内部交流学习、实际操作演练以及业余培训等多种方式开展；对于企业内部的管理层人员，则重点结合企业的发展目标、管理知识以及管理能力、沟通能力、应变能力等开展专业的培训，可以采取内部交流培训、组织专业培训班或者邀请相关领域专家授课的方式开展培训；对于企业的核心技术人才，则重点应该针对企业的发展目标、产品技术研发等，组织专家授课或者定期外出考察学习的方式，提高培训的实际效果。此外，还应该注重做好培训评估体系的建设，针对培训工作开展选取相应的评价指标，对培训的实际成效以及培训质量等进行系统客观的评估分析，针对培训中存在的问题及时制定改进策略，促进培训体系的优化和完善，以确保培训活动效果的最大化。

四、完善绩效考核体系的建立实施

改进优化企业的人力资源管理，应该发挥好绩效考核的引导，以绩效考核对企业员工业绩情况、工作态度等多方面情况进行客观反映。

首先，应该明确绩效考核体系的工作定位及原则要求，在绩效考核方面应该坚持以企业的职位等级作为基础依据，区分企业管理层、业务人员、技术人员以及普通人员等开展考核，从能力和绩效等方面进行全方位的考核。在绩效考核的实施过程中，应该坚持公开明确的原则，科学地制定绩效考核标准，增强绩效考核的客观性，体现出绩效考核的针对性。

其次，应该完善绩效考核指标体系的设计，明确绩效考核的要素。对于企业的管理人员，应该重点突出决策管理、组织协调、处事应变、人际关系处理等方面，既要注重评估管理人员能力，又要从工作效率以及经济效益方面分析绩效构成；对于企业的技术人员以及专业人才，应该突出问题分析和处理、实践经验、知识技能水平等方面，综合分析员工的能力，并以工作成果来对绩效构成进行分析；对于企业的普通工作人员，则重点应该从生产技术能力、工作责任心、控制能力以及工作效率、工作成果等方面对员工的实际绩效等进行全面的评估分析，准确掌握员工的工作状态以及工作成效。此外，高度重视绩效反馈的重要性，对于绩效考核的结果，应该及时全面地向被考核对象进行反馈，让被考核对象了解自身的绩效状况以及绩效方面存在的问题，正确理解和接受绩效考核，弥补自身的短板和不足，最大限度发挥自身价值，进而通过绩效考核促进员工工作积极性的提升。

五、改进优化薪酬待遇体系

薪酬待遇管理在企业人力资源管理中具有非常重要的作用，对于整个薪酬待遇体系应该坚持公平公正、合法合规、适度竞争、有效激励以及经济合理的基本原则。

首先，应该注重建立完善与企业的发展周期相匹配的薪酬待遇激励模式。区分企业的初创阶段、成长阶段、成熟阶段以及衰退阶段等，注意与企业的发展战略接轨，动态化调整优化薪酬激励模式。同时，应该注重结合企业员工的不同职业发展阶段，按照员工职业生涯的探索、确立、维持以及衰退等不同阶段，完善经济性薪酬以及非经济性薪酬的设计，既注重物质激励保障，也适度加大精神层面的激励，进而充分发挥企业员工的内在潜能，促进员工在更大程度上实现自我价值。

其次，应该注重做好薪酬待遇结构的合理优化。在薪酬结构的设计方面，应该注重适当地提升企业部分岗位的绩效工资比例，通过增加绩效工资比例，更大程度地激发企业研发、生产、销售等部门员工的工作积极性。在绩效工作的具体设计方面，应该注重强化绩效考核结果的有效应用，根据工作完成情况、工作任务量、工作负荷、工作效率、工作质

优化创新篇

量以及工作创新等多方面的情况，在薪酬待遇中凸显绩效考核情况，进而确保薪酬体系的科学合理。此外，在薪酬待遇方面，还应该注重制定各种个性化的福利项目，结合企业的实际情况完善福利保障，落实好带薪休假以及未休补助，作为补充激励措施，进一步强化薪酬待遇的激励效果。

总之，人力资源工作，无论是对于企业的经营管理还是战略发展都有着非常重要的决定性作用，直接关系到企业的市场竞争能力以及生存能力。在管理体系的改进优化中，应该树立正确的人力资源思维理念，跟进人力资源领域的最新发展趋势方向，构建科学完善的管理体系，健全管理制度体系，完善员工培训体系，改进绩效管理方式，推动管理体系的创新转型，实现管理模式的创新以及人力资本积累的提升，为企业实现持续健康发展提供有力的支撑保障。

第二节　信息化人力资源管理模式的打造

随着信息技术的不断升级，我国信息化建设已经发展到了一个新的高度，人力资源管理也从传统工作模式向信息化方向转变。目前构建信息化人力资源管理工作模式已成为各企业形成竞争力的关键工具，特别是最近几年，信息技术的推广应用实现了对企业员工的智能、高效管理，有效解决了传统人力资源管理中的问题。

一、信息化人力资源管理的必要性

信息化发展背景下，信息技术的应用以及信息资源的共享很大程度上改变了当前我国各企业人力资源管理工作环境，传统的人力资源管理工作缺乏足够的独立性，无法充分适应现代通信技术等信息技术的普及应用需要。在信息化人力资源管理工作的主体职能发生改变的情况下，信息技术的应用以及信息资源的共享将可以在人力资源管理问题分析方面发挥更大的作用。因此，信息化人力资源管理是现代数据库技术普及背景下，很多企业以及国内外许多专家学者重点关注的问题。

简单来讲，信息化人力资源管理是企业人力资源管理配置现代化、科学化发展的产物，其主要职责是基于大量的员工管理工作内容，为企业的经营管理、战略决策提供辅助与保障。与传统人力资源管理相比，信息化人力资源管理更倾向于"释放企业工作人员的自身潜力"，而非单一的"调整企业工作人员的工作安排"，且日常工作多为规划性、管理性的内容，和传统人力资源管理存在很大不同。在信息化发展背景下，信息技术与人力资源管理工作的融合程度不断加深，大部分的数据采集、数据核算以及信息传递等传统人力资源管理工作内容可交由计算机软件进行处理，且与人工方式相比工作效率往往更高。

在此背景下，人力资源管理在抽身于机械性、简单性、重复性工作流程的同时，有必要将自身的岗位职责、专业素养与企业的综合管理、长远发展相挂钩，即实现向信息化的转型，从而提升企业工作人员的主观能动性，更大地发挥企业工作人员的职能作用。同时，逐步实现向信息化人力资源管理的转型，也能多方面地强化企业人事的专业素养，进而促成其与所在企业的共同发展。在实际的信息化人力资源管理过程当中，企业人事应积极学习企业、人力等管理领域的理论知识与工作技能，接触并掌握信息化的工作技能，树立前瞻化、全面化、动态化的工作意识，以满足新形势下的信息化人力资源管理岗位要求和人才需求。

二、信息化人力资源管理的现存问题

（一）信息化人力资源管理认知不足

信息化人力资源管理在各企业发展建设中发挥着重要的关键作用，但是纵观我国大部分企业信息化人力资源管理工作的现况，企业还没有从观念上真正意识到信息化人力资源管理工作的重要程度，存在形式主义倾向，只将信息化人力资源管理停留在名义层面，在企业建设发展过程中仍然秉持传统的人力资源管理工作思维模式，未能提高信息技术以及信息资源的利用率，无法使信息化人力资源管理的各类措施得到调整优化，从而导致实际人力资源管理工作现况与信息化发展背景下企业发展需要不一致的问题。尤其是在一些员工队伍规模较大，且流动性较强的企业集团中，其管理层人员并没有理解领会新时期信息化人力资源管理工作的重要性，从而难以在基层有效地深化信息化人力资源管理工作，在开展信息化人力资源管理相关工作活动建设中存在着非常多的问题，例如信息化人力资源管理工作模式僵化陈旧、理论知识可操作性较差等，非常不利于信息化人力资源管理工作在各基层员工中的深层落实与创新发展。

（二）信息化人力资源管理协调不足

部分企业在引进信息技术过程中，对于信息化人力资源管理工作的实际情况缺乏足够重视，未能实现对不同岗位协调方案的创新，导致信息化人力资源管理工作策略无法得以完整地构建，难以在信息化人力资源管理工作的方案设计过程中，充分满足信息技术的创新性应用要求。另外，信息化人力资源管理工作相关举措存在较大的局限性，无法在战略层面形成对企业管理工作的精准支持，也使得信息化人力资源管理工作在推进过程中，难以得到有效的协调处理。对信息化人力资源管理主体工作内容发生的变化缺乏有效关注，部分信息化人力资源管理工作依然按照传统的人力资源管理工作方法进行处置，导致信息化人力资源管理工作策略的制定价值无法得到凸显，不利于人力资源管理工作压力的缓解，也使得信息技术的重要价值难以在人力资源管理工作中得到有效发挥。

除此之外，部分企业在制定信息化人力资源管理主体工作内容时，缺乏对信息化人力资源管理工作特点的深入研究，没有根据企业的运行发展规律对互联网新技术引进应用所带来的多方面影响加以总结，从而无法使互联网新技术运用的构成价值得到有效凸显，难以满足新时代下企业整体建设发展的工作需要，且部分企业对于信息化人力资源管理缺乏深入研究，难以保证相关工作理念的优化创新。

（三）人力资源管理信息化建设水平较低

部分企业在建立新的人力资源管理制度之前，没有对影响信息化人力资源管理工作有效性的各方面因素加以分析，难以保障信息化人力资源管理工作举措能够得到有效的规划设计，难以保障满足信息时代下企业建设发展的工作需要。比如，部分企业在制订信息化人力资源管理工作方案过程中，对于信息技术所具备的多方面影响缺乏必要关注，在制定信息化建设的具体策略过程中，缺乏对人力资源规划创新方案的有效设计，无法在信息化推进方面积累足够的经验。对人才、技术两者间作用关系的认识存在偏差，在构建新模式、引进新技术的同时，并未做好技能人才的培养与储备工作，部分企业工作人员信息技术水平不够成熟，未能掌握主要信息技术正确操作要领以及运用方法，无法为信息化人力资源管理工作提供具体的支持。

除此之外，部分企业在制定信息化人力资源管理工作具体内容时，对相关数据信息收集情况的重视不足，导致不仅难以确保员工信息的准确性，还无法实现人力资源管理工作的高效性。另外，在大规模应用信息技术的同时，存在人力资源管理数据信息安防工作不到位的问题，未能将企业内外网隔离并做好访问控制，导致局域网安全性相对会更低一些，存在数据信息被泄露以及篡改的威胁，甚至局域网还非常容易发生被网络攻击的状况。

三、信息化人力资源管理策略建议

（一）树立对信息化人力资源管理工作的正确认知

各企业在制订信息化人力资源管理方案时，要对相关工作人员的思维意识进行有效分析，尤其要对互联网新技术运用过程中工作人员的思维意识着重加以考察，树立工作人员对信息化人力资源管理工作的正确认知，使符合信息时代下企业建设需求的具体措施能够得到合理构建，以此适应信息时代下企业建设发展的需要。以百度的人力资源信息化工程为例，在开展信息化人力资源管理工作活动过程中，要保证相关工作人员具备较强的大局意识，尤其要对企业创造力和引导能力进行考察，为信息化人力资源管理工作提供更加具体的支持。百度的人力资源信息化工程项目组联合人力资源各业务负责人，以及IT各团队负责人，对标最佳实践，以workshop的形式，向业务部门呈现人力资源业务流程的规划方案和构思，收集业务部门的反馈和建议，经过多轮碰撞，最终形成to-be蓝图设计文档。此外，一定要加强对各部门岗位职责体系构建情况的研究，并对信息化人力资源管理工作开展过程中所需资源进行总结，使准备性工作得到有效处置，确保信息化人力资源管理工作的总体质量可以得到有效优化。要结合人本理念制定信息化人力资源管理工作的具体策略，使符合互联网新技术运用特征的各类措施能够得到调整优化，更加有效地适应信息时代下企业建设的改良优化需要。

另外，各企业在制订信息化人力资源管理工作方案时，千万要避免形式主义倾向，不能将信息化人力资源管理工作只停留在名义层面，要将信息化人力资源管理改革创新落实到实际，具体问题具体分析，以维护工作人员的合法劳动权益为目标，归纳总结出一套较为成熟的信息化人力资源管理工作模式改革创新方案。

（二）深度剖析信息化人力资源管理影响因素

信息化人力资源管理工作存在特别多细致的小分项，且涉及的部门以及人员众多，所以在开展相关工作活动时非常容易受其他因素的影响波动。因此，各企业开始制订信息化人力资源管理工作方案前，需要对直接或间接影响信息化人力资源管理工作有效性的各方面因素充分加以分析，从而确保信息化人力资源管理工作的相关安排举措能够得到科学、有效的规划设计，以此来满足信息化发展背景下企业整体建设发展的工作需要。对于信息技术、招聘与配置标准、培训与开发、绩效考评、薪酬福利以及劳动关系等方面的影响都应该进行充分考虑，例如，想要切实实现信息化人力资源管理工作的有效性，离不开先进、科学的信息技术与信息管理平台，所以必须对信息技术运用所带来的多方面影响进行总结，同时进一步提升信息管理平台的搭建完善性，确保各项数据管理软件有良好的作业环境，使信息化人力资源管理工作策略的制定价值得到凸显，并且使信息技术在人力资源管理工作中得到有效发挥。

（三）深化改革信息化人力资源管理工作模式

为了更好地顺应信息时代社会发展的浪潮，提高人力资源管理工作的效率和质量，企业需要加强对信息化人力资源管理工作模式深化改革的重视程度，根据上述影响信息化人力资源管理工作模式变革有效性的各方面因素建立健全信息化人力资源管理制度，对信息化人力资源管理工作模式具体变革流程进行合理规划，确保相关工作人员的职责分工明晰，制定明确的信息化人力资源管理工作评定标准。除此之外，需要全面分析企业发展理念、工作模式以及岗位要求等与员工技能培训相关的影响因素，进一步完善技能人才培训方案，对员工技能培训整体流程进行合理规划，同时，要明确未来企业信息化人力资源管理工作的重点和方向，促使所制定的信息化人力资源管理工作制度更加完整、有效。

另外，要做好相关数据信息安防工作，从企业整体信息系统展开整合安排，多角度防范信息系统被病毒入侵，对信息系统进行实时监控，确保工作人员能够全方位实时掌握信息系统病毒入侵情况，将木马和病毒隔离在信息系统之外，保护数据信息不被泄露、篡改，并进一步加强员工档案数据库的建设，将企业内外网隔离并加强访问控制。

（四）加强专业人力资源管理队伍建设

在现代社会的经济发展中，技术人才对企业经营发展的影响是极其巨大的。若组建有高质量、专业化的技术人才队伍，相关工作创新的理想化实现往往也是水到渠成的，所以，为了确保相关工作的顺利开展，各企业务必做好技术人才队伍的培训工作。信息化人力资源管理工作顾名思义需要以应用信息技术为主开展相关工作，譬如应用大数据算法能够有效减少人力资源管理部门的工作量，不必再花费大把的时间在采集数据信息和统计相关数据上，可以将相关工作人员的注意转移到更有价值的方面。

因此，在推进信息化人力资源管理工作过程中，各企业需要加强信息技术人才建设力度，积极招募信息技术专业人才，并加强对现有工作人员进行相应的信息技术培训，提高工作人员的信息技术水平。例如，开展各主要信息技术正确操作要领以及运用方法培训工作，对工作人员进行云计算、云存储等信息技术指导，并且定期开展信息技术学习交流会，检查工作人员在培训后的学习成果。另外，必须对信息化人力资源管理工作各环节进行全方位的实时监督跟踪，以便进一步提高档案管理工作变革的效率和质量。

（五）充分利用信息技术资源

首先，企业在推进落实信息化人力资源管理工作时，需要加强充分挖掘可利用的信息技术资源，允许多元化的工作载体出现，坚持有利于信息化人力资源管理工作改革创新的技术应用，坚持优质媒介均可拿来主义，制定符合信息技术运用特征的信息化人力资源管理工作改革创新具体举措，不断创新信息化人力资源管理工作的方式和内容，使符合新时代背景下企业建设发展需求的信息化人力资源管理工作改革措施能够得到更加完整的构建，例如：借助云计算、大数据等信息技术，使信息技术的运用价值可以得到有效凸显，充分满足信息化时代企业信息化人力资源管理工作顺利推进的工作发展需要。

其次，企业在制订信息化人力资源管理工作改革创新的工作方案时，应当结合信息化人力资源管理工会工作的实际情况，协调各方面的关系与影响，尤其要对当前信息技术运用的精准性加以考察，根据信息技术的优势进行信息化人力资源管理工作的创新策略探索，构建良好的、完善的信息技术配套，使信息化人力资源管理工作改革创新的有效性可以得到充分优化，从而提高信息化人力资源管理工作的专业性与科学性。

（六）搭建可视化线上服务平台

依据当前我国各规模企业的总体建设发展目标和策略以及模式改革创新过程中的实际需要，可以充分利用计算机软件技术的优势，搭建可视化线上服务平台，使得信息化人力资源管理工作能够高层次开展。同时，需要注意依据搭建可视化线上服务平台实际操作需要，转变相关工作人员工作观念，让工作人员从主观上对信息化人力资源管理工作建立正确认知，从而根据企业内外人力资源供求状况的调配措施，运用科学的方法和程序开展招聘、培训以及考评工作。

另外，可以通过多种技术方式手段叠加制定信息化人力资源管理工作内容。例如，深入研究云计算、虚拟化等信息技术，及时更新相关信息技术和设备，创造良好的信息技术软硬件条件。在进行信息化人力资源管理相关工作时，运用信息技术促使工作环节与内容进一步向现代化方向转变，依托可视化线上服务平台建立企业员工电子档案库，实现档案信息的智能化管理，为信息化人力资源管理工作提供科学、准确的数据支撑。做好信息化人力资源管理工作创新性调整研究，确保改革创新落到实处，建立健全相关工作服务评估体系，并积极提高评估活动的有效性，进而促成信息化人力资源管理工作模式改革创新有效落实的研究。

综上所述，信息化人力资源管理工作较为复杂，因此，结合信息技术的应用发展情况，企业在开展信息化人力资源管理工作时，应树立对信息化人力资源管理工作的正确认知，深度剖析信息化人力资源管理影响因素，深化改革信息化人力资源管理工作模式，加强专业人才队伍建设，充分利用信息技术资源，搭建可视化线上服务平台。

第三节　跨文化的人力资源管理思考

进入21世纪以来，全球经济一体化的趋势越来越明显，越来越多的企业正在向国际市场进军。但是各国之间不同的文化背景、地域环境都成为我国国际化趋同的障碍，而保证我国企业成功走向世界的关键，就是有效地进行跨文化人力资源管理，正确分析并解决各国之间的文化差异带来的人力资源管理问题，成为我国当前的首要任务。企业要想在市场竞争中取得一席之地就必须有自己的风格特色，而企业的风格特色来源于企业文化，兼顾企业内部不同文化之间的平衡，是跨国企业首要处理的任务。只有确保文化平衡，才可以让企业的每一名员工找到归属感，增强企业内部的凝聚力，让企业成为家庭，形成强大的"战斗力"。

优化创新篇

一、跨文化人力资源管理中存在的问题

跨文化人力资源管理就是跨文化的、国际化的企业为了保持竞争优势，在人员选择与任用、工作分析、绩效考评和薪酬管理、劳资管理等方面，根据文化差异的特点进行合理控制与管理。在交叉文化的背景下，通过相互适应、调整、整合而塑造出本组织的企业文化，以提高人力资源配置、适用效率和效益的管理活动。人力资源管理工作就是要挖掘企业员工的潜能，创造员工的价值，为企业实现利润。跨国企业人力资源管理面临着更加复杂的任务，人力资源部门不仅要了解不同国家的文化，还要对自己的员工做出综合评估，寻找到员工的优点与缺点，在多元文化的背景下，找到文化之间的平衡点。在此基础上，结合企业的发展理念、中长期规划和战略目标，构建适宜所有员工共同成长的企业文化，在共同文化的影响下，企业员工之间消除隔阂，拉近距离，相互之间增加理解和信任，形成合力，共同促进企业发展。然而，在具体的工作中，企业人力资源管理仍然存在着一些问题。

跨文化企业的人员配置结构主要由两部分构成，分别是管理者和普通职员；人员配置的来源由两个类别组成，分别是本国员工和国外员工。首先，从企业管理者的角度来看，有先进的管理经验、有创造性、具有独当一面能力的国外管理者对企业的贡献价值更大。本国的管理者在本国企业工作有更强的依赖感，忠诚度更高，他们是最容易找到"回家"感觉的员工，但是管理理念带有明显的"国内特色"，可能缺乏冒险的精神，也可能缺乏稳健的思维方式等；比起国内管理者，国外的管理者忠诚度并不高，他们在完全陌生的文化体系内，并没有决定性的话语权，因此，他们工作的根本目的在于实现双方共赢，尽管他们的忠诚度不够高，但是他们的管理理念与国内管理者截然不同，可以为跨文化企业带来"新鲜感"，使跨文化企业拥有更多的创意。在跨文化企业的管理层，通常本国的管理者占据多个席位，而外国管理者却明显处于劣势，在长期缺乏话语权的压力下，会影响外国管理者的工作积极性，从而反作用于跨文化企业，对企业与员工都造成一定的负面影响。

从一般员工的配置方面来看，如果跨文化企业在国内，那么员工多数都会由本国公民组成；如果跨文化企业在国外，员工的层次划分就较为复杂，既包括本国职员，又包括国外当地的职员，在员工的配置比例上根据企业的发展战略来灵活搭配，有时外国员工会多于本国员工，这是由于外国员工可以起到因地制宜的效果，他们更加熟悉自己国家的具体情况，处理一些较为复杂的问题时会比本国员工更加得心应手。但是外国员工在"准入门槛"时却存在着一些问题，由于跨国企业在国外，他们更容易受到当地政府的影响，政府为了扩大本国居民的就业率，提高当地的税收水平，会通过政策的影响，间接干预跨文化企业的员工的招聘工作。同时，外国员工也不了解跨文化国家的本土文化，即便在当地政

府干预下进入跨文化企业，也会存在一个漫长的适应期。而一旦适应期过长，将直接影响到跨文化企业的生产效率，降低盈利水平。

二、企业跨文化人力资源管理的关键点

（一）统一标准化语言

语言是沟通的媒介，只有语言畅通，才可以确保不同文化圈层之间的交流，理解彼此的想法，从而为达成共识做好铺垫。就目前的国际环境来看，英语是世界上使用最为广泛的语言，为此不同国家都在做着同样一件事情，那就是进行英语教育。鉴于此，在跨文化企业，英语就可以作为标准化语言，企业内不同国家的员工用英语来表达自己的想法和态度，会有效地提高沟通效率，降低信息消耗成本。

（二）提高企业员工的跨文化素养

语言的统一并不意味着观念的一致，即便不同文化背景的职工用英语沟通，但是他们固有的文化理念不会因为沟通而发生相应的变化，他们仍然保留着原有的意识形态。为了增强企业员工的协调性，促进企业员工形成凝聚力，企业人力资源部门就要努力提高企业员工的跨文化素养，增强彼此之间的理解，拉近彼此的距离。具体来看，人力资源部门可以举办以某国文化背景为主题的宴会，邀请企业所有员工参加。宴会要完全符合某国文化，让所有的员工都可以在宴会中了解到某国的文化内涵，知道他们的饮食习惯和交际礼仪，在以后的工作中，会尊重彼此的文化信仰，相互之间建立友好合作的关系。

（三）建立多元文化的薪酬对策

薪酬是人才的价值体现形式，跨文化企业要建立多元化的薪酬对策，让薪酬成为"润滑剂"，增进员工与企业之间的关系。企业人力资源管理部门要了解企业员工，知道员工所处的国家和相对应的文化传统，除了正常的工资发放制度以外，企业还需要支付跨文化企业的外国员工额外的福利工资，在外国员工的重大节日，企业以节日福利的名目将奖金直接打入外国员工的银行卡上，让外国员工感受到企业对自己的尊重。如果跨文化企业在国外经营，企业的薪资水平就要高于当地的平均标准，以此来吸引更多的人才进入跨文化企业，为跨文化企业做出贡献。

（四）提供公平的晋升渠道

人才是企业最为宝贵的资源，要想为企业留住人才，就必须营造公平、公正的氛围，让人才切实地感受到企业为自己搭建了广阔的平台，只要努力工作，就可以取得应有的劳务报酬和合理的晋升渠道。为此，跨国企业要对不同国籍的员工一视同仁，把员工放在同

一水平面上，而不能给员工贴标签。跨国企业要建立公平的晋升制度，严格遵循制度选拔优秀人才。只要在制度框架内，完成企业规定任务并表现优秀的员工，都可以获得晋升的机会。制度化带来了标准化的评价机制，这种标准化的评价机制避免了人为因素的干扰，为激发不同文化背景员工的工作积极性发挥了重要的作用，在标准化评价机制下，所有的员工都处于同样的起跑线上，大家都拥有相同的晋升机会，这种公平、公正的人力资源管理模式是维持跨文化企业运营的基本条件，需要引起企业管理层的高度重视。

总之，跨文化企业人力资源管理要牢固地把握关键要点，企业人力资源管理部门要积极地研究人力管理策略，调动企业员工的工作积极性，释放员工的创造力，为提高跨文化企业的市场竞争力做出应有的贡献。

第四节　人力资源开发与管理的新趋势

知识经济是建立在高科技和信息化基础上的经济，它不仅在经济关系和经济结构上发生重大变化，同时也将导致人力资源管理科学和实践的深刻变革。新形势下，人力资源管理将出现以下几大趋势：

第一，管理方式转向集成管理。集成管理实际上就是集成的思想和概念创造性地运用于管理的实践过程（包括人力资源的管理），它以内外软硬资源要素为基础，以实现社会责任为条件，以整体优化、优势互补、聚变放大为手段，兼容各种管理手段和文化，在集成对象中互联互通，共同受益，协同推进中实现可持续发展。

第二，管理对象以无形生产要素为主。在知识经济时代，知识的价值与作用超过了资本的价值与作用，成为经济发展的关键要素。以知识为对象的管理：①要有能力并善于运用全球信息网络，不断获取全球的新知识、新信息，对它们进行知识的自我积累，知识的优化组合和创新，从而有效地利用人类文明成果，推动企业的发展。②需要高度重视员工知识素质的提高和潜能的发掘。通过对员工的培训、终生教育，不断提高员工的知识水平和获取、创新知识的能力。③充分利用领导集体和专家队伍的知识和智慧，特别是战略性决策，关系到事业的成败。领导集团和专家队伍知识信息、能力和胆量的综合运用，是知识的创新。如何发挥集体智慧和专家队伍的作用，是开发知识资源最重要的方面，也是知识要素管理的焦点。

第三，从注重经济目标转向注重经济目标、社会目标的统一。目标定位超越了经济范畴，进入了伦理世界，更多地意识到了社会的责任，把自己当作社会的一员，认为自己存在的价值就是对社会有所贡献。IBM公司把企业目标提炼为"为员工利益，为顾客利益，为股东利益"三原则，未来的企业管理目标是追求"顾客满意，员工满意，股东满意，社会满意""四满意"。

第四，组织模式转向横向网络结构。对于管理中标准化的信息可以通过计算机进行适时处理并提供共享。属于标准化的信息如生产、技术、财务、劳动工资等都有条件实行电脑操作；非标准化信息，主要是市场信息和环境信息，则可以通过信息网络提供给人脑进行分析决策。这样，人力资源管理的部门和层次可以大大地缩减。

第五，效益模式从规模质量型转向速度型效益。速度效益型模式的本质就是降低时间成本。在减少单位产品生产成本核算和质量成本的已有技术基础上，重组程序，减少环节，杜绝一切浪费，满足个性化所决定的多品种、少批量、灵活生产的需求。

第六，分配模式从按资分配转向按贡献分配。在知识经济时代，知识是资源，是资本的财富，是经济增长的关键因素，于是无形的知识资源也成为资本，它是可以生产社会财富的。而知识技能的量化形式只能以知识技能劳动产品果实的形式，即按贡献大小。因此，按贡献大小分配应是知识经济时代分配的主体模式。人力资本管理就应着力于维护这种公平的分配形式，严防强盗出来抢劫。

第七，管理的核心转向人力资源价值链管理。知识经济时代，人力资源管理的核心就是如何通过价值链的管理，来实现人力资本价值的实现和增值。价值创造就是在理念上要肯定知识创新者在创造中的主导作用，人力资源管理的重心要遵循2：8规律，即我们要关注那些能够为企业创造巨大价值的人，他们在行业人员数量中仅占20%，却创造了企业80%的价值。这些人形成了核心层，是骨干。价值评价问题是人力资源管理的核心问题，指通过价值评价体系及评价机制的确定，使人才的贡献得到承认，使真正优秀的人才脱颖而出，形成凭能力和业绩任用人才的人力资源管理机制。价值分配就是通过价值分配体系的建立，满足员工的需求，从而有效地激励员工。这就需要提供多元的价值分配体系，包括职权、机会、能力、工资、奖金、福利、股权的分配等。

第八，管理模式从区域文化管理转向跨区文化管理。管理是人类有意识的实践活动，它受人们的价值观念、伦理道德、传统习惯等影响。因此，管理也是文化。在工业经济时代管理文化的地域性较强，有时由于民族的偏见和歧视，不同特色的企业文化搞得水火不容。而如今全球经济化局面，不但经济对外开放，而且管理理论与管理文化也须汲取外界之长，知识文化封闭必将被淘汰。

第九，战略模式从区域战略转向全球战略。战略管理是对全局所做的思考和规划，关系到自身的成败和存亡。在知识经济时代，企业的经营环境将发生更加深刻的变化。如今没有一个企业可以不直接或间接受到全球化竞争的冲击，因而几乎没有企业可以不考虑国际市场和全球经济、技术发展的趋势来决定自己的发展方向、目标和重点。未来的企业战略是全球观念指导下的，在全球范围内捕捉机遇和回避风险的全球战略，这种战略模式的发展趋势，是对管理能力的一种挑战。

优化创新篇

参考文献

[1]陈清华.现代企业人力资源管理数字化转型研究[J].中小企业管理与科技，2022（21）：77-79.

[2]崔卫鹏.企业人力资源管理优化研究[J].商业文化，2021（16）：56-57.

[3]丁桂凤.人力资源开发与管理[M].北京：中国经济出版社，2016.

[4]胡蓓，王通讯.人力资源开发与管理[M].3版.武汉：华中科技大学出版社，2010.07

[5]胡君辰.人力资源开发与管理[M].4版.上海：复旦大学出版社，2014.

[6]黄刚.新形势下人力资源开发与管理策略探究[J].企业改革与管理，2016（08）：87.

[7]蒋晓辉.信息化在企业人力资源管理中的实践分析[J].现代商贸工业，2020，41（02）：77.

[8]蓝明珠.基于企业战略的人力资源规划[J].上海商业，2021（12）：92-93.

[9]林忠，金延平.人力资源管理[M].5版.沈阳：东北财经大学出版社，2018.

[10]凌瑶，张钠.现代人力资源开发与管理[M].北京：北京交通大学出版社，2015.

[11]刘敏.大数据背景下人力资源管理浅探[J].大陆桥视野，2022（12）：107-109.

[12]刘庆宝.人力资源开发与管理理论与实践[M].合肥：安徽人民出版社，2010.

[13]刘莹.人力资源管理的重要性探究[J].现代企业文化，2022（16）：121-123.

[14]路勤凤.以岗位设计激活企业人力资源潜能[J].中国管理信息化，2018，21（08）：79-80.

[15]罗朝聪.企业人力资源开发与管理初探[J].冶金管理，2022（24）：45-48+53.

[16]罗光洁.西方人力资本理论在我国的应用[J].学术探索，2015（04）：72-76.

[17]罗庆，罗忍.人力资源价值管理的发展研究[J].中国集体经济，2023（08）：101-104.

[18]潘潇，刘淑萍.西方经典人性假设的探讨与管理实践的研究[J].商业文化（学术版），2010（11）：52.

[19]裴敏雅.如何有效开展人力资源规划[J].人力资源，2022（20）：152-154.

[20]桑颖.人力资源管理中的员工招聘与培训分析[J].营销界，2022（24）：111-113.

[21]宋苗苗.企业人力资源管理优化研究[J].现代营销（上旬刊），2022（10）：143-145.

[22]孙余防.人性假设理论的比较与分析[J].全国商情（经济理论研究），2007（10）：48-49+74.

[23]田婷.基于能力素质模型的人力资源开发管理[J].人才资源开发，2021（23）：85-86.

[24]王东晓.人力资源规划，开发与配置须并重[J].人力资源，2022（16）：17-19.

[25]王飞健.激励理论在人力资源管理中的应用[J].投资与创业，2022，33（01）：181-183.

[26]王俊.企业绩效管理的数字化变革及应用策略探析[J].全国流通经济，2022（35）：60-63.

[27]王玥.人力资源管理信息化模式创新分析[J].现代商业，2023（03）：76-79.

[28]吴路易."互联网+"时代人力资源管理新模式研究[J].中国管理信息化，2022，25（24）：127-129.

[29]吴庆萍.人力资源管理与绩效考核创新发展探析[J].经济师，2023（04）：272-273+275.

[30]吴阳."人性假设"理论在人力资源管理过程中的应用[J].全国商情（理论研究），2013（22）：18.

[31]杨红英.人力资源开发与管理[M].昆明：云南大学出版社，2014.

[32]杨静.做好工作说明书编写工作 提高人力资源管理效率[J].中国经贸导刊，2015（02）：31-32.

[33]杨婷婷.打造信息化人力资源管理新模式[J].人力资源，2023（02）：135-137.

[34]姚正新.人员招聘与岗位设计，如何双向赋能[J].人力资源，2022（10）：60-61.

[35]郁有水.企业跨文化人力资源管理的关键点分析[J].企业改革与管理，2019（21）：191-192.

[36]袁蔚，杨加陆，方青云，等.人力资源管理教程[M].2版.上海：复旦大学出版社，2018.

[37]云扣.大数据背景下人力资源绩效管理创新[J].中国管理信息化，2023，26（01）：123-126.

[38]翟娜.激励在企业人力资源开发与管理中的应用[J].现代企业文化，2022（28）：104-106.

[39]张喜梅.激励理论在企业人力资源开发中的应用[J].企业科技与发展，2022（10）：139-141.

[40]赵培兰.新形势下人力资源开发与管理趋势[J].人力资源管理，2012（05）：96.

[41]郑嘉唯.人力资源管理中的员工招聘与培训[J].今日财富，2023（06）：142-144.

[42]周定坤.关于全面实施预算绩效管理的思考[J].西部财会，2022（12）：10-12.

[43]庄妙莉.信息化人力资源管理分析[J].全国流通经济，2021（30）：110-112.